起号

给自媒体人的60条
实操干货／池骋○著

机械工业出版社
CHINA MACHINE PRESS

本书从账号的定位、搭建、起号、运营、变现五部分着手，结合大量实践经验，为自媒体人在自媒体发展不同阶段所采取的应对措施进行了总结梳理。本书既有对成功经验的总结，又有对失败教训的反思，旨在探讨在自媒体时代下提高账号成功率的实战方法，是自媒体从业人员以及对自媒体相关知识有兴趣的读者迅速了解自媒体运营全过程的必备工具书。

图书在版编目（CIP）数据

起号：给自媒体人的 60 条实操干货 / 池骋著. —北京：机械
工业出版社，2024.3（2024.8 重印）
ISBN 978-7-111-74948-6

Ⅰ. ①起⋯　Ⅱ. ①池⋯　Ⅲ. ①网络营销　Ⅳ. ① F713.365.2

中国国家版本馆 CIP 数据核字（2024）第 035052 号

机械工业出版社（北京市百万庄大街22号　邮政编码100037）
策划编辑：秦　诗　　　　　　责任编辑：秦　诗　牛汉原
责任校对：郑　雪　陈　越　　责任印制：李　昂
河北宝昌佳彩印刷有限公司印刷
2024年8月第1版第5次印刷
147mm×210mm·9印张·1插页·157千字
标准书号：ISBN 978-7-111-74948-6
定价：69.00元

电话服务　　　　　　　　　　网络服务
客服电话：010-88361066　　机 工 官 网：www.cmpbook.com
　　　　　010-88379833　　机 工 官 博：weibo.com/cmp1952
　　　　　010-68326294　　金 书 网：www.golden-book.com
封底无防伪标均为盗版　　机工教育服务网：www.cmpedu.com

序

我相信购买这本书的你，已经在抖音、小红书、哔哩哔哩（bilibili，简称B站）等内容平台看过很多教你"如何做好自媒体"的内容，也包括我的短视频和直播。

视频的形式非常直观，直播的互动内容让人沉浸其中。

为什么我们还要以"读完一本书"的形式学习自媒体，尤其是视频形式的自媒体？效率会不会非常低？

其实，这正是我写这本书的原因。

在短视频时代，我们太容易获得"碎片化的知识和浮于表面的答案"了。但如果没有一个自己的"做号体系",这些看到的知识和答案,就很难完成"对自己也有用"的转化,最后就变成"道理都懂了,却不知该怎么做"。

通过这本书,我希望可以帮助你构建自己的"做号体系"。

从定位开始,再到搭建、起号、运营、变现。

当你拥有了属于自己的"做号体系",无论你刷到了精彩的视频、关注了厉害的博主,还是想想每天做的那些小事,发起一个在未来生活里的挑战,你都有机会将其中的美好和价值变成一条精彩的自媒体内容,甚至转化成一个自媒体账号的定位。

给孩子做早餐、陪孩子玩游戏、改造孩子的房间、每天的健身、出门前的快速化妆、晚上的卸妆和护肤、每个周末穷游一座不同的城市、连续100天5点起床看看生活有什么变化、用一年彻底改变自己的身材……

这些发生在你我身上的事情,都是自媒体账号的好定位,而且这样的定位"什么时候开始都不晚",哪怕平台里已经有了不少同样定位的创作者。

哪怕是相同的生活，也可以有不同的精彩。这些生活的背后，永远有许多内容消费者（流量好）、商品消费者（可以带货），也永远有许多品牌方和商家（广告机会也很多），他们不断期待着新的优秀内容、优秀博主。

在过去的几年里，我的短视频、直播、线上课，确确实实帮助了一些创作者，他们通过自媒体平台取得了不错的成绩，甚至改变了自己和家人的命运。

我希望这本书，可以帮助更多热爱生活、对内容创作感兴趣、想做好自媒体的朋友，帮助他们搭建出一个属于自己的"做号体系"，一步步地获得好的结果。

目录

序

1 定位篇

2 搭建篇

3 起号篇

4 运营篇

5 变现篇

差异化强度 × 互动次数 = 被记住

PART

1

定位篇

定位的原则

什么是我所理解的自媒体定位？

你的过去，包括你从出生便拥有的天赋（相貌优势、身材特点、特殊能力……），你多年以来的各种积累（个人品牌、行业知识、人脉资源……），你后天培养的兴趣爱好（做饭、化妆、打游戏、研究汽车……），这些都不是你的自媒体定位，而是你的定位线索。

理性地使用这些线索，基于你的天赋、积累、爱好，更准确地预判自己的未来，包括未来的能力、未来能做好的事情、未来可以拥有的身份，再将这个"未来"和"现在的自己"相连接，你会获得一条路径。

这条路径，才是你的定位。

所以，美食博主、美妆博主、知识博主、穿搭博主、家居博主、汽车博主……这些都只是我们给自己设定的、听起来高大上的称呼而已。

从有"我要做自媒体了"的决心开始，通过一条又一条的内容、一次又一次的互动，直到成为更多人认可的美食博主、美妆博主、知识博主、穿搭博主、家居博主、汽车博主……整个过程，才是实际意义上的定位。而思考、创作、运营、变现，都只是定位的一部分。

定位是一条不断延伸的路径，而不是一个固定不变的点。

＊＊＊

是的。

这条路径，也就是你的自媒体定位，是可变的。

因为，你所经历的每一天，都有可能出现"改变路径"的新线索。

比如，你学会了一项新技能（成为画眼妆的高手），读完了一本好书（又知道了30个育儿知识），认识了一位厉害的朋友（有性价比极高的生鲜品货源），你开始装修房子了（听说家居博主非常容易变现），你即将为人父、为人母（是不是可以做母婴博主了）……

这些新线索的出现，都有可能改变你对未来的判断，进而改变你的"自媒体定位"。

那么问题来了：假设你在原有的路径上，已经走了很远（比如，你希望成为一位美食博主，已经积累了1700名粉丝），这个时候你怀孕了……

你是放弃之前的经历（转型做母婴博主），还是保持前行（继续做美食博主），或是设法将新的路径与现在的路径相连（研究月子餐、宝宝辅食）？

我们的人生，每天都有新的可能出现，甚至我们可以主动创造新的可能。

这看似很美好，却成了做自媒体定位，第二难的事情。

*　*　*

做自媒体定位，第一难的事情，是能够认识到：定位是可变的。

因为大部分人只会基于"此时此刻的自己"，寻找并确定自己的定位。

直播的时候，我经常会被问：我没有一技之长，觉得自己什么都不太行，那我能做什么（怎么定位）？

在此，请记住我的标准答案：用未来的能力定位。

我还经常会被问：我是一个普通人，怎么做好自媒体（怎么定位）？

在此，请记住我的标准答案：策划不普通的事。

以上两个答案，都是在提醒你：定位是可变的。

定位，是你未来能力的折现。

自媒体的定位如此，人生的定位亦如此。

＊＊＊

自媒体的定位，是一条路径。

做自媒体的目标，则像是路径上的"一个个站点"。

很多人将做自媒体的目标，设置成"涨粉⊖百万""变现百万"。这样的目标，既不高效，也不高明。如果你没有一个个小目标，比如"起一个好名字""做出第一条爆款""获得1000名铁杆粉丝"，你很容易迷失在通往"终点站"的路上。

更现实的是：当你某天到达了当初的"终点站"（真的

　　⊖　涨粉指粉丝数量的增加。

"涨粉百万""变现百万"），大概率你也会改变主意，设立新的目标。当初的"终点站"，成为新的"始发站"。

记住，目标不是终点站，目标永远是下一条发布的内容和明天要做什么。

做自媒体，根本没有终点站。

＊＊＊

找不到定位，是因为我们低估了自己的未来。

找不对定位，是因为我们高估了自己的现在。

能客观认识到自己现在的能力，同样是一件非常难的事情。

我们太容易被现实中熟人的评价干扰，从而我们认为"对着摄像头、隔着手机屏幕、面对陌生人"也会获得类似的反馈。

朋友们说你有趣，是基于对你长时间的了解、面对面地交流，以及他们现实社交圈里的"有趣指数排名"判定的。但是在线上，你可能只有一秒钟的时间，向素未谋面的陌生人证明自己是有趣的。否则，你就会被"瞬间划走"。

而你的竞争对手，则是每一位互联网用户的"关注列表"，是算法平台根据海量数据筛选出来的"优秀作品"。这里面，既包括家喻户晓的艺术家，也包括一些超级大V。[⊖]

只有先意识到了这些现实场景，再结合前面提到的"定位线索"，你才有可能找到一条通往成功的崎岖小路。

＊＊＊

当然，我相信本书的读者，普遍具有较强的自我认知能力。

哪怕你的目标是"从脚下出发，一步步登上珠穆朗玛峰"，成为下一个超级大V，你也不会从一开始，就把他们本人直接作为对标账号。

因为你知道，自己距离他们太远了。

就算你野心很大，也要一点点地来。

而这个"一点点地来"，其实就是"对标账号"的正确使用方法。

⊖ 原特指在新浪、腾讯、网易等微博平台上获得个人认证，拥有众多粉丝的微博用户。现泛指拥有众多粉丝的自媒体平台（如抖音、小红书、视频号、公众号、快手）博主。

你需要单独研究一些账号的内容呈现形式，再研究另一些账号的爆款选题逻辑、与你形象气质类似的头部博主的表现力，找到客观条件允许的布景方案，以及不同账号的互动技巧、商业模式、涨粉套路……你可以学习这些账号都在用的"布光方案"、这些选题经久不衰的方法，你要做到更好。同时，你需要总结，成熟的博主都是怎样在留言区互动的。

你永远不要试图找到"完整"或者"完美"的对标账号。

你要做的是大量拆解优秀的账号，总结共性，提炼个性，找到适合自己对标的形式、风格、选题、变现模式，再结合自己某些独一无二的特性，完成账号的整体规划。

＊＊＊

口播号[⊖]、剧情号、解说号、直播号、图文号……这些你经常看到的"账号类型"，不是定位，不是赛道，不是风格，而是内容的呈现形式。

请相信：每一个形式，都有足够高的上限。选择适合你自己的呈现形式，才是最重要的。

　⊖　真人出镜的口播类短视频是当下比较流行且比较容易拍摄的一种短视频形式。

不露脸，也可以打出差异化，被别人记住且喜欢。

发图文，对于很多赛道来说，反而容易做出爆款。

对于绝大多数"单打独斗"的自媒体新人来说，呈现形式对创作成本的影响，要远大于对创作收益的影响。如果"先获得一定的收益，证明自己能行"是你的初期目标，那就先选择一个做起来更简单的呈现形式。

我的建议是：能做口播号，别做剧情号；能做视频号，别做直播号。

十几条作品拿不到结果，其实非常正常。但如果每一条作品的完成，都会消耗掉你一周的时间，那就意味着十几条作品是你三四个月努力的成果。如果三四个月都拿不到结果，这会给你带来巨大的挫败感，让你失去创作的乐趣。

一个人做自媒体，千万别做得太"重"。

* * *

关于自媒体的定位，大家可能更关心（甚至只关心）选择哪个赛道。

选择知识赛道，还是美食赛道？

选择育儿赛道，还是美妆赛道？

关于选择赛道，我给你的建议是：不要选择自媒体的赛道，而是选择生活中的赛道，并通过自媒体，150%地还原这个赛道。

你在自己的日常生活中，每天给孩子做早餐，那就把这件事做到120%的极致，再加30%，用在自媒体的运营上。你在自己的日常生活中，每天早上化妆打扮，那就给这件事添加20%的故事性，同样再加30%，用在自媒体的运营上。

哪怕，你只是100%的"周一到周五都会上班工作"，也可以多50%的额外付出，持续分享工作中的积累、思考、经历，或者自己刚学到的某些技巧，成为一名职场博主。你还可以把办公桌布置的有特点一些，做一位职场桌搭博主；或者，把出门前的穿搭做到用心分享，成为穿搭博主。

在我的上一本书《放大：如何放大你的小才华》中，我的核心观点是：自媒体是"人生的乘号"，它应该用来放大人生中的真实美好。我相信，这也是每一个自媒体平台希望你做的。

基于这样的原则去选择内容赛道，你会更容易克服困难，体验到"事半功倍"的快感。

***

接下来，我们聊一聊"账号的风格"。

对于一个自媒体账号来说，风格不是独立的。

哪怕你在生活中是一个搞笑或者可爱的人，也不要把自己的账号简单地定义为"卖萌号""搞笑号"。你要让大家通过你的风格（幽默、严肃、可爱、和善……），能够更好地认可你的内容价值，更快地喜欢上你的人格，成为大家眼中"有趣的懂××的朋友""专业的××领域的老师"。

要想做到这一点，你就要问自己几个问题。

我的内容更匹配什么风格？

我的形象更适合什么风格？

我的粉丝更喜欢什么风格？

我的成交更需要什么风格？

在分享适合小朋友学习的知识时（哪怕看的人是家长），我们应该"可爱""和善"一些；而分享适合成年人学习的知识时，如果希望成为大家眼中的专业人士，就更适合严肃一些的风格（当然可以稍带幽默）。

你用搞笑的风格分享商业知识，当然也会有人喜欢你，你也有机会"接广告、带货"。但如果你想通过很贵的"商业咨询服务"变现，搞笑的风格则非常不利于转化。

读到这里，也许你会很疑惑：我在日常生活中，就是一个搞笑的人！要因为做好自媒体，而抑制自己的天性吗？还是我要基于个人风格，确定自己的赛道和变现模式？

这是一道没有唯一正确答案的选择题，你需要自己做出取舍。

关于这个取舍，我的建议是：你可以尝试稍微克制一下。

比如，把搞笑变成幽默，把暴躁变成严肃。

极端的风格，可以带来"差异化"，却容易牺牲"合理化"。对于大部分的自媒体定位来说，"合理化"的重要性要强于"差异化"。

*　*　*

抖音、快手、小红书、B站、微博、公众号、视频号……你准备将自己的自媒体账号，放在哪个平台上运营呢？是选择一个平台，还是多个平台一起？

在这一章的最后，我会详细与你分享平台与平台之间的区别。但在此之前，你更应该了解平台与平台之间的共同原则：谁能帮助平台留住用户的"时间和注意力"，平台的算法就会给谁流量。

移动互联网用户数的快速增长期早已过去。对于各大内容平台来说，抢占用户时间的重要性会越来越强。毕竟，各平台的流量是"此消彼长"的关系。而且，用户在一个平台的使用时间越长，越容易对这个平台产生依赖。

而对于平台来说，无论用户的时间被什么样的内容占据，它都有很多种方法获得收入。也就是说，一些自身商业价值很低的内容，只要能帮助平台留住用户的时间，也会获得很多流量。

所以，平台只需要给创作者比较好的创作环境（如使用体验、免费的创作教学），比较好的创作动机（如任务补贴、各种徽章等级），展示出高收益的可能性（让你知道，优秀的内容创作者可以"恰饭[⊖]"接广告、可以带货、可以变现百万元）就足够了。

算法不会因为你的内容质量更高，就给你更多的流量。但平台会因为你帮助其实现了更大的利益（留住了用户的时

⊖ 网络流行语，指在创作的内容中植入品牌广告，获得广告收益。

间和注意力），而给你更多的流量。

因此，你既要"照顾好自己"，还要在一定程度上"讨好平台"。

你要明白平台想要什么，用户想要什么，自己想要什么。

＊＊

最后，说说做好自媒体的最大挑战，也是自媒体人的常态：心态又崩了，怎么办？

数据一直不好，心态会崩；数据变得不好，心态也会崩。

想不出好选题，心态会崩；好选题太多了，心态也会崩。

数据好了，有7个负面留言、2条私信骂你，心态又崩了。

你可能会认为：只要到了变现的那一天，这些负反馈和回报相比，根本就不算什么了。

但请你相信：对于绝大多数人来说，赚钱的快感是递减的，而负反馈对心态的影响，则是递增的、可积累的。如果不从根本上解决心态问题，只指望通过"正反馈"去抵消"负反馈"，我们早晚都会达到"心态崩了"的临界值，开始摆烂，甚至彻底放弃自己的账号。

关于如何调整心态，我会在后面的内容里，分享给你一些具体的、亲测有效的方法。而在这一小节的最后，我想跟你分享一些自己的思考和总结。

在我看来：心态变化来自预期偏差，预期偏差来自数据比较。

我带过许多零基础的同学。

通过长时间的观察和交流，我发现：心态好的同学，除了天生的性格因素以及做着自己本身就喜欢的事情之外，很容易被忽略的一个共性是，他们在公开发布第一条作品之前，往往比那些"心态不好的同学"做了更久的非公开练习。

比如，用一个月以上的时间研究优秀作品的共性，并根据研究的结果，认真打磨自己的第一条作品。

在这个阶段，因为作品没有公开发布，所以我们能关注的数据，只有"内容质量"这一项。其中，包括自己作品的内容质量，以及对标作品的内容质量。

只要你掌握了进步的诀窍（比如，刻意练习法、费曼学习法），那么每一天你都会看到自己在进步，看到自己的作品与对标作品的差距在缩小，你自然会保持好的心态。

但是，只要作品"公开发布"了，哪怕是成熟的创作者，当面对算法的不确定性（如数据偏差）、用户反馈的不确定性（如互动偏差）时，也会经常感到焦虑。

何况是身为小白，却踌躇满志的你。

我的建议是：在发布第一条作品之前，先给自己一些"练习时间"，就像多几次模拟考试一样。这不仅会提升你的内容质量，让你在正式运营账号后更早看到成绩，还能提前磨炼你的心性，让你直接感受到创作的苦与乐，为未来更大的挑战提前做好准备。

长期来看，心性的重要性，要强于内容创作能力的重要性。

从过去定位

如果你的一位朋友，有一天信誓旦旦地跟你说，他决心要做一位美食博主，在抖音和小红书上每天分享一道好吃又好做的减脂餐，坚持365天。他还说，自己一年后会拥有百万粉丝量，每个月通过带货、接广告，一年赚100万元，问题不大。

你觉得，这靠谱吗？

如果仅凭这段话，你大概率会嗤之以鼻，也许还会问他："你最近是被哪位教你做自媒体的老师洗脑了？你千万别被'割韭菜'了。"

但如果你的这位朋友是一位"资深的西餐厨师"呢？或者，他是一位"持证营养师""下厨房超级爱好者""每天坚持4点59分起床的执行力狂魔""被众人夸赞有生活品位的厨具收集控""给某位千万级粉丝量的美食博主，做过两年助理"……

假设，他拥有以上这些标签中的任何一个，你会不会改变自己的判断？

我提出这个问题，是希望提醒你：虽然定位是一条不断向前延伸的路径，我们应该充分考虑自己的成长性，不以过去和现在论英雄……但我们始终都要直面一个问题：自己凭什么选择这个定位？

如果你可以基于过去多年的积累，让自己赢在起点，这自然是很好的选择。但如果你没有什么明显的一技之长，作为一位初出茅庐的自媒体新人，又该怎么办？

甚至，我还会具体地问你（我也经常这样问自己）：你凭什么让一些超级IP的粉丝，也能同时喜欢你？

对于这样的问题，你必须给出"不仅能说服自己，也可以让朋友们信服"的答案，这样才能获得更坚实的创作动力，一步步达成自己的目标。

如果你一直没有找到定位，不妨先认真看看我下面的三个建议，再好好琢磨几天。我相信，你一定会有很多具体的想法。

选择"长"的定位

要知道，现在几乎所有的内容平台都是"算法平台"。

只要你的内容足够好，适合你内容的用户足够多，有一些创作和运营的小技巧（后面的章节，我会教给你），算法就会让你的内容出现在大量的没关注你的用户面前，你也就获得了对应的流量。这和你哪一年注册的账号，哪一天推送的第一条内容，并没有必然的联系（真的别相信那些"起号玄学"了）。

而所谓"长"的定位，就是三年之后、五年之后，你所选择的定位，依然有非常多的内容消费者、商品消费者、品牌商家。

吃、穿、住、用、行……这些赛道都是经典的"长"的定位，不仅有稳定的流量基础，更有稳定的商业价值。

这就意味着，无论你什么时候开始做，你都有充足的时间去追赶别人。

比如，你一定刷到过40岁、60岁、80岁的美食博主、穿搭博主、知识博主，更刷到过一茬又一茬"最近才起号"的新人博主。每一年，都会出现几位"粉丝量从零到几百万"的现象级博主以及非常多的"从零到几十万粉丝量"的新生博主。

所以"什么时候做自媒体都不晚"这句话，并不是鸡汤。

用户永远需要新面孔，甲方永远需要新流量，平台更是永远需要新博主。

尤其是对于那些"足够长，且具有商业价值稳定"的定位。

选择"窄"的定位

更大的可能性是：如果只选择"长"的定位，你很难追上头部博主，只会被他们"越落越远"。

这并不难理解。

自媒体的发展也遵循"马太效应"。越是头部的博主和账号，越可以通过现金流和资源的优势，做出更优秀的作品，积累更多的粉丝，实现更多的收益，产生正向的循环。

因此，我们看到了大号之间的各种"内卷"。

而这些内卷，也在不断提高用户的眼界，吊高用户的胃口。比如，2022年爆火的"健身直播间"，就有了更高的内容标准。

那么，你怎么才能追上他们？

我的建议是——朝着他们的方向远望，找到一条自己的小路。选择最红的海，只吃小鱼小虾。

要知道，当一个账号可以月入百万元、千万元时，团队的运营成本，往往也非常高，甚至可能"入不敷出"。所以，越是头部账号，越会放弃一些"小机会"（如十分垂直的内容、非常细分的赛道），把有限的时间和精力，放在更有可能赚大钱的内容定位上。

也就是说，机会成本的存在，让大号必须在红海里放弃"小鱼小虾"。比如，超级大号不会只做眼妆，只讲某一品牌汽车，只专注40岁职场穿搭……

而这些，就是你的机会。

因为，只吃红海里的小鱼小虾，也足够让你生存得很好。毕竟，做自媒体的初期，你最大的成本只是自己的时间和精力。虽然时间和精力也很宝贵，但至少没有办公室场地的租赁成本，也没有团队的人力成本。

而刚刚提到的几个细分赛道，做得好，一个月也可以实现几万元（甚至更多）的收入。

另外，专注细分赛道，有利于提升你在用户眼中的专业感和稀缺度，降低大家对内容的"质感要求"（你只是这方面的专家，用户可以容忍内容质感没有超级大号那么好），这就给了你"田忌赛马"的机会。

那么，在刚才提到的吃、穿、住、用、行，以及在许多人想学习的知识领域中，你可以想到哪些"只吃小鱼小虾"的定位？你可以从现在开始，就留意观察自己的关注列表以及平时刷到的爆款内容，看看有多少"只吃小鱼小虾"的账号，并努力从中获得启发。

最后，回答一些人的困惑：为什么要选择"吃、穿、住、用、行、知识"这些红海赛道？

因为在红海里，机会足够多，你可以只吃小鱼小虾，但在蓝海里（比如在五线城市做气球派对），你必须成为一方之主，才能活得不错。这就又要开始"拼过去，拼积累，拼天赋"了。

选择"爱"的定位

就算你只想吃"小鱼小虾"，不把月入百万元的博主作为目标，只想做到月入一万元，可能也没有那么简单。毕竟，很多人在职场中奋斗了多年，也没有月入一万元，怎么能够通过自媒体，轻轻松松就达到这个目标呢？

看到这样的结论，先别灰心丧气。

还记得吗？做好定位，是第一难的事情，也是第一重要的事情。要能够认识到，定位是可变的。定位，是你未来能力的折现。

我们已经学会了选择高手更少、更容易拿到阶段性结果的"长而窄"的定位。

剩下的,就是一个字:追!

在移动互联网时代,无论是基本的器材使用方法,还是拍摄剪辑技巧,包括一些运营套路,你真的不需要什么学费。你只要拿出手机,在抖音、B站、知乎、小红书上,多主动搜索困扰自己的问题,加上基本的分析能力和优秀的执行力,很多人就能拿到顺利起步的钥匙。

当然,如果你能把这本书认真读完,拿到钥匙的概率会更大。

读到这里,你应该就明白了,为什么要尽量选择"爱"的定位。

因为对于绝大部分人来说,学习和思考远不如打游戏、追剧、刷抖音有趣。只有真正喜欢自己选择的定位,真心期待学习后的结果,才会有更多"追上去"的动力。

热爱,就是你成功路上的"油箱"。

所以,希望你可以找到一条"长""窄""爱"的定位。

从现在定位

关于自媒体的定位，我的建议是：基于热爱，选择一条"长"的路径，并尽量先从"窄"的地方起步，越走越远，越走越宽。

但如果读到这里，你依然对定位没有思路，大概率是因为"你的过去"无法给你足够多的线索。

没关系。

接下来，我再分享两个"基于现在找到定位"的方法，相信会给你新的可能。

通过拆分每天的时间找到定位

用心回忆一下：有哪件事情，你每天都在花时间做？

那么，既然这件事情你每天都做，为什么不让它变成你的自媒体定位呢？

也许你的答案是：我每天都花时间睡觉、吃饭、上班。那我的定位，总不能是"直播睡觉、拍摄每天吃什么、分享上班的日常"吧。

当然不是。

想用好这个定位方法，你必须要让时间的"颗粒度"变小一些，梳理出每天都会用"10~30分钟"完成的事情。

从起床开始，到睡觉为止。

比如，每天早上的化妆，晚上的卸妆？穿搭的选择？做早餐、宵夜？整理自己的桌面？冲一杯咖啡？读书？遛狗，陪猫咪？观察地铁上的人？

甚至，你可以让"颗粒度"再小一些，梳理出每天都会"纠结3分钟"的事情。

比如，今天穿什么颜色的袜子，搭配哪双鞋？背哪个包？选哪个英雄（王者荣耀等MOBA[⊖]型手游）？点哪家的外卖？几点睡觉？几点起床？

只有让颗粒度变小，你才更容易发现符合"长""窄""爱"的定位路径。

⊖ 多人在线战术竞技游戏。

落地到实战，你可以做一个以15分钟或者30分钟为单位的日程表，用一周左右的时间，通过完成这个表格，找到一件小事情，将其变成你的账号定位。

通过罗列稳定的空间找到定位

如果理解了"颗粒度越小，越容易发现惊喜"，那么当我问你，你每天都会出现在哪个空间里，在那个空间里会做什么事情时，你应该不会回答自己每天都过着"两点一线"的生活了吧。

首先，在"家"这个空间里，包含了哪些"颗粒度更小的点"？

卧室、书桌、镜子前、卫生间、厨房、衣帽间，甚至包括"门口"……那么你想想看，在以上每个"空间点"，是不是都有可能发生一些"理所应当，却很极致"或"匪夷所思，冲突十足"的事情，并可以转化成一条定位路径呢？

如在"卧室"偷吃零食的带货号，超级少女心的"桌面"搭配号，"镜子前"的治愈系卸妆博主，上班之前在"家门口"自拍一张的穿搭号……

以上每一件事情，如果换一个"空间点"，可能又有了新的定位、新的风景。

接下来，我们换到办公室的"空间点"试试。

比如，让同事们给零食打分的带货号，办公室简约风的桌面搭配号，在工位上化妆的美妆博主，每天下班之前去洗手间换一套衣服的变装博主……

以上这些小事情，有没有任何一件，你在过去也做过，只是没有从"账号定位"的角度进行完整的策划？

选择内容赛道时，我曾给过你一个建议：不要选择自媒体的赛道，而是选择生活中的赛道，并通过自媒体，150%地还原这个赛道。

当赛道被150%地还原时，这就成为一个定位。

内容赛道，是100%的生活。

账号定位，是150%的生活。

从未来定位

从自己的视角出发：定位，是你未来能力的折现。

从用户的视角出发：定位，是你未来能力的展现。

用户会喜欢你的"现在"，浏览你的"过去"，但他们之所以关注你，本质上是在关注你的"未来"。

因此，那些成熟的自媒体创作者，都会想方设法地通过"现在的内容"，展现自己"未来的内容"。这其实也解释了为什么有些账号的关注度非常高，一条爆款可以涨粉几万人、十几万人。但大部分用户偶然创作出的爆款，虽然获得了流量和点赞，却难以转化成粉丝量。

比如，我们之前提到的"给孩子做早餐"，如果用"给孩子做早餐100天不重样"作为小红书的标题或者抖音的文案，就是在提醒大家：如果你喜欢这一条内容，那我的下一条内容、再下一条内容，包括接下来的几十条内容，你很可能也感兴趣。那么，你还不关注我一下？

但如果你刷到了这样一条短视频：街边的一只小狗在快乐地顶球，配着欢乐的音乐（ pa pa pi～pa pa piu～），来自"抖音用户238471****"，这条作品已经获得了21万人的点赞……

也许你可能会看完，可能会给作品点赞，可能会给留言区里的戳人评论[⊖]点赞，可能会转发给你的好朋友。但最不可能的互动行为，就是关注这个账号。

因为这样的内容，很难让你对这个账号的未来产生明确的期待。没有明确的期待，自然也就不会想着去关注这个账号的未来。

所以，我们在创作之前，就要想好用户会期待什么。

用户的期待越明确，越容易产生对你未来的判断。

有了这个判断，用户就会为了验证判断而关注你。

刷到了一条内容，读完了一篇文章，如果你有了"这个账号的下一条内容、未来一年的内容，应该会怎样怎样"的判断，你才有可能关注这个账号。

重复一下重点：关注的动机，是为了验证自己此时此刻的判断。

⊖　指能够让人共情的评论。

为了更好地理解"关注动机"这个重要概念，我希望你可以做两件事情。

第一，打开你最常用的自媒体账号的关注列表（如，抖音、小红书、公众号、快手、B站……），看看有哪些账号是因为你看了它的某条内容（而不是慕名搜索）而关注的。那么在你关注之前，你是否产生了对那个账号下一条内容的"明确期待"，你的这个"明确期待"是来自于内容里的预告、账号的名字、留言区的互动，还是基于对过去内容的分析？

第二，你是否可以策划一条内容，让所有人看过之后，会对你接下来要做的事情，有非常明确的期待，想通过关注你，来验证自己的判断？你可以从我分享过的"内容赛道，是100%的生活；账号定位，是150%的生活"出发，把自己原本每天要做的事情，试着变得更极致一些。

很多精彩的定位，不是你能做什么，而是在大家的认知中，你不能做什么，你却让大家知道，你做了或者即将做，并且接下来还会做什么。

在抖音，有一位博主，发起了"连续365天吃午餐肉"的自我挑战。吃麻辣烫，一定要加一片午餐肉；吃麦当劳，一定要夹一片午餐肉；吃烧烤，一定要串一串午餐肉……结合"美食探店"和"美食评测"，他获得了100多万人的关注。

在挑战进行到"接近一年之期"的时候，他的作品数据反而越来越好。因为大家有了新的"明确期待"：他会继续吃午餐肉，还是放弃吃午餐肉？事实上，他在365天之后，开启了"无尽挑战"模式。

再到后来，他又有了新的策划：作为百万级粉丝量的博主，每天0点更新视频，给当天过生日的粉丝，送去生日祝福。并且，他还把这个计划写在了账号介绍上：每天凌晨0点更新，做第一个祝你生日快乐的人。

这就是典型的"用户为了明确的期待"而关注，进而验证自己的期待。

看到这里，我可不希望你已经开始思考要做出哪些"疯狂挑战"了。比如，你要挑战365天只吃螺蛳粉，看看自己能不能变臭；或者每个月上班带饭不超过300元，年底攒钱买一部iPhone……

有举一反三的习惯自然是好的，但我更希望读到这里时，你能意识到：我们应该通过各种各样的技巧（如名字、封面图、文案、留言区、选题……），让用户可以对你的下一条内容产生更加明确的期待。甚至，你可以直接把这个期待作为账号的定位。

最后，再次强调：用户关注你，是为了验证自己的期待。

定位目标

定位，是一条不断延伸的路径。

定位，是你未来能力的折现。

理解了这两句话，你就会少一些焦虑，多一些信心。

但你也千万别"站得特别高、望得特别远"，直接给自己一个"5年之后，我一定可以成为全网第一美食博主"的目标。

我在前面有写过：目标，是路径上的"一个个站点"。

现在换一种写法：目标，是路径上的"一个个"站点。

做自媒体的目标，不是只有一个"终点站"。

从认知的角度讲：做自媒体，根本没有终点站。

从实战的角度讲：目标拆得越细，越容易落地。

目标太高太远，比如"三年内做到有100万人粉丝量、实现100万元收入"，你就很难找到眼前的落脚点，不知道从何做起，自然没办法达成最终的目标。

落不了地的大目标，会成为焦虑感的源头。反之，一个个能落地的小目标，会给你高频的"正反馈"（比如早上起床，看到"点赞99+、关注99+"），可以让你对抗焦虑、获得动力，实现"小步快跑"的效果。

那么，如何拆解你的自媒体目标？

其实，这本书的大纲就是一个现成的自媒体目标的拆解逻辑：定位、搭建、起号、运营、变现。

可能你听很多人说：做自媒体，你一定要先想清楚"如何变现""要卖什么东西"，然后再开始定位和行动。

我个人非常反对这种逻辑。

如果你恰好是一位做了5年以上自媒体的朋友，你一定会对我接下来的话，更加深有体会。

那些第一批、第二批做自媒体的人（人人网时代、微博时代、公众号时代），尤其是拿到了一些结果的人，在刚开始做号的时候，对"如何变现"这件事，普遍"非常不敏感"，甚至"完全不操心"。

那时每天让我们掉头发的事情，一直都是——如何创作出好的内容，进而获得流量、获得粉丝。

几年之前的互联网，非常流行八个字：流量为王、内容为王。

我们当时很清楚，并且我们真的相信：只要内容做得好、流量足够多，怎么做都能变现。

因为，我们看到了太多账号就是因为"内容好、流量大"，稳定地接着大牌广告，一年变现几十万元、上百万元（当时根本不存在"带货"）。所以，大家普遍会把有限的精力聚焦在"如何把眼前的内容做好"，而不是"如何在未来实现收益"。

反正，无论做什么，做到足够好，有足够多的流量，怎么做都能变现。但如果内容不行、流量不好，就很难变现。所以，我们应该从"我们能做好什么"开始，而不是"怎么变现"开始。

到了短视频和直播的时代，随着"带货"这种看起来"离钱非常近""没有那么难"的形式越来越成熟，以及各行各业的能人异士都在通过自媒体获取流量、实现收益，再加上某些做自媒体培训的博主，在不谈"幸存者偏差"和"背景资源"的情况下，分享着各种通过自媒体赚大钱的案例……

这让越来越多的人误以为：只要选到了有人赚到大钱、很多人赚到钱的模式，后面的一切都会很简单。如果变现模式没有想好就开始干，那就很难变现。

你是不是也觉得，这种"以目标为导向"的思考，没有什么问题？

事实上，这种思考方式不仅有问题，而且问题很大。

第一，在看到别人是怎么赚钱之后，很多人就以为找到了捷径，却很容易忽略"实现赚钱之前，其实还有好多个站点"。比如，粉丝关系的积累、内容细节的设计，以及"天赋、背景"这些决定性的条件。这就像看起来是一样的车，但缺少了很多内部零件，别说开上路，连启动都非常困难。

第二，就算你能"完美复制"别人的价值，却没有创造出新的内容需求，只是在和人家"分同一块蛋糕"。分蛋糕的人多了，自然就意味着每个人分到的蛋糕变少了。更致命的是，同类账号越多，粉丝和消费者越容易产生厌倦感。甲方也有了更多的压价空间，还会尝试和其他类型的账号合作。

所以，不要在启动账号的时候，就"照着某个赚了钱的账号"开始模仿。

你必须先尽可能多地知道"登上哪几座山的山顶，一定会有宝藏"，知道"只要有稳定的流量、喜欢你的粉丝，就一定可以变现"，然后再去结合自己的特长，搜索、观察、学习优秀的账号，才能走上真正适合自己的道路，更顺利地实现最终目标。

也就是说，从自己喜欢做的事情、能做好的事情出发，通过自媒体，让你做的这些事情同时被平台、被粉丝、被品牌方喜欢，才是更合理的逻辑。在这样的逻辑下，账号的生命周期才会更长远、价值上限也才会更高。

这和"以变现为目标"的最大区别是：我知道这样做下去，达到某个阶段，就一定能变现。那么，我就会专注于"把眼前的事情做好，尽快达到那个阶段"，而不是在还没开始的时候，就把精力和焦虑放在了变现上。

有了以上基础，我们才可以更合理地拆解目标。

以下内容是我推荐大家使用的目标拆解逻辑，也是这本书的整体逻辑。

想清楚自己的定位

小目标1：基于自己的生活以及平时积累的自媒体优秀案

例，确定"我都想做什么，我都可以做什么，哪些我可以越做越好"。

小目标2：把这些事情还原到哪个或哪些自媒体平台，更有可能获得匹配内容价值的流量。

小目标3：做这些事情有多大的商业价值，这个商业价值是在哪个阶段开始产生的，商业价值的上限有多高，是否有明显的周期性。

小目标4：现在的自己距离"账号产生商业价值"的目标有多远，有没有信心"一站、一站"地追上去，自己如何可以"一站、一站"地追上去。

以上四个小目标，我相信会在你完整且认真地读完"定位篇"后，得到更清晰的答案。

完成账号的启动准备

小目标1：在各主流自媒体平台，进行账号的注册和认证，并完成名字、头像、简介、封面图等基本信息的设计。

小目标2：基于前期的定位思考、对标分析，结合自己的实际情况，完成第一条作品的准备工作。这包括但不限于场景的搭建、形象的设计、道具的准备。

小目标3：通过目标明确的练习，快速提升作品质量，直到成为你最终能够展示的内容，还原自己创作之前的设想。如果确实无法做到，可以根据实际情况，调整你的目标。

在我看来，这一组的三个小目标，才是决定我们能否顺利实现"阶段性大目标"的关键。

因为，自媒体版本的"欲速则不达"，正是快速跨过了这三个小目标，不准备、不练习，上来就发布作品，希望更快地起号和变现。

因此，本书"搭建篇"的内容，请你务必重视，认真读完。

稳定输出，实现起号

小目标1：针对自己的目标，定下合理的"起号标准"，并真正理解"你想达到这个目标，你需要哪些确定性因素，你将会面对哪些不确定性因素，你如何看待不确定性因素"。

小目标2：通过对创作成本的理解与优化，实现内容的稳定输出，一步步地获得"第1条爆款""第1000位粉丝"，实现流量和粉丝量的稳定增长，完成账号的启动。

时至今日，"起号"这两个字，依然是绝大多数创作者"没有登上的小山"。

但我相信，这本书的"起号篇"，会给你再次登山的信心。

从创作优质内容，进阶到运营有商业价值的账号

小目标1：你能够真正理解"内容创作"与"账号运营"的本质区别，意识到账号长期价值的存在与重要性。

小目标2：你能够从"微观、中观、宏观、内容、用户、活动"六个维度，完成账号的运营规划并能实现落地。

小目标3：当账号进入成熟期，你能够基于"资源协同"，实现"自媒体矩阵"的运营规划与落地执行。

小目标4：从运营账号，回归到运营时间、运营生活。你能够理解并做到"先输入、后输出；边输入、边输出"。

看到以上四个小目标，你可能已经意识到了，想做好自媒体，并不只是写好一篇文章、拍好一条短视频的事情，而是一件"从持续的努力中实现收益"的事情。

这本书的"运营篇"，可能会让一些想通过自媒体"投机

取巧赚快钱"的朋友，产生负面情绪。但是，这也会让那些热爱生活、愿意持续成长的朋友，通过学习长期运营一个账号的方法，收获更多的信心。

实现阶段性的变现目标，并保持账号的发展性

小目标1：对不同的变现模式，包括但不限于"广告、带货、知识付费"，你有了更充分的理解。

小目标2：基于你对"变现模式、成本、收入、变现效率、长期价值"的理解，结合自身的实际情况，设置合理的变现目标。

小目标3：在实现每个阶段的变现目标后，你能够平衡"变现与内容价值""短期变现与长期价值""事业与生活"，完成目标的迭代。

我一直坚信：做自媒体，变现是一件"水到渠成"的事情。因为，自媒体本身并没有价值，它只是在放大"优秀内容和优秀产品"的价值。

这本书前四篇的内容都是在教你"如何放大价值"，以及如何一步步地创作出"优秀的内容与产品"。只有完成了这些，你在读"变现篇"的时候，才能做到游刃有余，不

再焦虑，真正有信心达成变现的目标。

在此，也希望已经读到这里的你，可以沉住气。在学习"如何变现"之前，先把基础打好。

在《放大：如何放大你的小才华》一书中，我曾写道：移动互联网的普及、自媒体的出现，让"不鸣则已，一鸣惊人"这件事的投入产出比，相比于十几年前，高了不止几十倍。

把基础打好，厚积薄发，并不是一句鸡汤，而是合理的选择。

定位自己

知己知彼，百战不殆。

想好了定位，清晰了目标，这只是"知彼"。想更好地完成目标，我们还要"知己"。

知彼容易，知己难。

因为在那些自己不够了解的领域里，我们一不小心，就会站上"不知道自己不知道"的"愚昧山峰"。

下面这张图（见图1-1），还原了一个经典的心理学现象：达克效应（邓宁-克鲁格效应）。

达克效应，是一种普遍存在，甚至"我们每个人的身上或多或少都存在"的自我认知偏差。究其原因，清华大学的宁向东教授给出的答案是：每个人在自己相对低能的领域里，对别人的真正能力是缺少信息的。

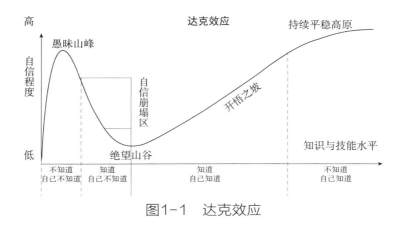

图1-1 达克效应

即：不知彼。

而我认为，造成这一现象，还有一个更重要原因，就是"不知己"。

比如，觉得这件事情没那么难，自己只要努力一下，也可以做到。可实际上，只有你做了才会明白，这件事也许远没有你想得那么简单，你其实是高估了自己的天赋和能力。但也有极小概率，比你想得要还简单。

也就是说，很多人（包括我）对于"你自己几斤几两，没有数吗？"这个问题，都应该坦诚地回答："是的，我没有数。"

目标的落地，不一定比想象的难，但一定和想象的有偏差，只是偏差有大有小而已。

尤其对于做自媒体、拍短视频这件事来说，偏差程度往往非常夸张。

对拍摄剪辑能力的认知偏差，导致你想象中的画面和实际拍出来的画面……

对镜头前表现力的认知偏差，导致你想象中的形象和屏幕中看到的形象……

对外部收音效果的认知偏差，导致你想象中的声音和你自己听到的声音……

对精力体力消耗的认知偏差，导致你想象中的状态和面对镜头时的状态……

是的，想通过一条短视频或者图文，完美还原自己在创作之前的设想，所需要的能力是非常综合的。对自己任何一项能力的低估或者高估，都会直接影响最终的呈现效果。

因此，我强烈建议你在向第一个小目标进发之前，用一段时间充分了解你自己。通过了解自己，更准确地判断自己现在所处的位置，以及自己的成长速度。其中，了解自己的成长速度，比判断自己现在所处的位置更加重要。

成长速度反映了你是否具有相关的天赋，很多人在做一件事情之前，很可能并不清楚自己有没有这个天赋。如果你缺少天赋，就要提前接受这个现实，做出心态、行动或者决策上的调整。

那么，有没有什么办法，可以更快地"了解自己""定自己的位"呢？

我教给你一个简单粗暴却十分管用的方法：找一条"对标作品"，做一次"1：1 还原"。

不是借鉴，不是模仿，而是像"达·芬奇画鸡蛋"那样还原一次。在成本允许的情况下，尽可能"还原场景、还原脚本、还原文案、还原声音、还原神态、还原剪辑、还原特效……"

做这件事情的目的，当然不是为了蹭热度。我不希望也不建议你把这条"1：1 还原"的作品公开发布。做这件事情，是让你在"目标非常明确"的前提下，高效地了解自己的天赋。

拍摄剪辑顺利，轻松还原80%，并不等于"天赋高"，也许只是因为你的基础好。

我所理解的自媒体天赋，是在此次创作中，你发现自己能够静下心且充满耐心，一次次地提升作品的质量。借用这些年比较流行的说法，就是能够快速进入心流状态。

我所理解的自媒体天赋，是你从30分做到45分，又从45分做到了60分，你不觉得过程痛苦，反而乐在其中。甚至，你发自内心地想努力几个月，把作品做到80分、100分，逐渐做出自己的特色，超越对标账号。

发现自己的天赋，并不是一件容易的事情。

比如跑步这件事，很多人在刚开始跑步的时候，是抗拒的、咬牙坚持的，并不会从中感受到乐趣，更不会觉得自己在这方面有天赋。但是，当坚持到了终点，一次次达成了目标，刷新了纪录，看到了身体的变化，沉睡的天赋也许才破壳而出，被彻底唤醒。

所以，当你经过几天甚至一两周的努力，去还原一条作品，亲身感受创作与迭代的过程，回头再去品味，才会更真实地了解自己，更理性地选择自己的定位。

如果你发现自己与起步时的差距很大，但把这件事情越做越好，并没有想得那么难，那么恭喜你，你同时获得了天赋和初期的实战积累。

如果你发现做这件事情时，不仅毫无快感，还让你焦虑十足，那么也恭喜你，你收获了异常宝贵的复盘经历，以及定位的调整依据。

可能你想问：可不可以根据自己的想法，跳过这个练习，直接开始创作？

当然可以。

这个目的明确的"1：1 还原"练习，本质上是想帮助"希望通过自媒体获得收入"的朋友更快地了解自己（不是了解自己现在的实力，而是认清"做这件事的感受"），优化自己的定位目标，避免一些漫无目的的"自嗨[⊖]"。

你当然也可以用自己的办法，了解自己的自媒体天赋。而如果你决定做这个测试，我也不建议你现在就去做，而是认真读完这本书之后再去做。

最后，我并不会把"喜欢吃、喜欢睡觉、喜欢打游戏"这些事情，定义为一个人的天赋。它们可能更适合被称作"天性"。

你吃东西的样子让许多人感到治愈，你可以为了睡觉而设计出极致舒适的环境，你在游戏中获得了极高的成就，这些才更适合被定义为天赋。

⊖　网络流行语，高估或错判其他人对内容的喜爱程度。

定位对标

确定对标账号，分析对标账号，借鉴对标账号，超越对标账号……我相信，大家都知道"对标账号"对新人起号的重要性。但为什么你在确定了对标账号之后，却感觉"无从下手"呢？而且，对标账号的"IP属性"越明显，你越不知道该怎么办。

因为，你的对标账号找得太少了。

你只找了一两个对标账号，一定会发现：他是他，你是你，完全不同的两个人，这怎么借鉴，怎么模仿？

但如果你找了10个以上的对标账号，又研究了100个以上（越多越好）的优秀账号，毫不夸张地说：你会进入完全不同的境界，真正领悟对标账号的用法。

你会发现：只要是流量稳定、变现不错的优秀账号，哪怕赛道不同、风格不同、呈现形式不同、变现模式不同，也有很多相同的地方。比如，在画面质感上、在脚本逻辑上、在互动方式上，甚至在账号名字上。

这些"相同之处"，才是你应该对标的。

你还会发现，哪怕它们在这几个方面有明显的区别，但也可以归纳出几种典型的"画面质感""脚本逻辑""互动方式""名字格式"……你找到的对标账号越多、研究的优秀账号越多，越容易实现"归类"。

最终你会发现，在成熟的账号上，都有其他优秀账号的影子，甚至你能"脱口而出"具体哪些账号也用了这招。大家都有差异化，但又不是完全的差异化。只有不成熟的账号，或者说把账号当成朋友圈的人，才是差异化最强的。

为什么会出现这样的情况？高手也在互相借鉴、互相抄袭吗？

当然不是。

对于一个成熟的账号来说："合理化"一定会多于"差异化"。

对标账号对于我们的核心价值而言，快速确定了什么是"合理的"。它们能让我们少走弯路，节省时间。而且，当我们发现和积累了越来越多的属于每个账号的差异化时，我们还能总结出"如何发现自己的差异化"的通用技巧。

关于对标账号的"合理化"和"差异化"，我做了一个比例，供你参考。

80％：15％：5％

80％的"合理化"。

15％的"合理差异化"。

5％的"差异化"。

80％的合理化，是运营好一个账号的基本准则。

比如，能够从用户的需求出发，切换到用户的视角。这包括不同身份的用户、不同关系的用户、不同阶段的用户，他们分别会被什么样的内容吸引。

比如，理解平台的需求、规则、相关的收益与风险。这包括理解平台的基本流量逻辑，平台自身是怎样赚钱的，平台的规则与底线，产生某些风险的大致概率与最坏结果。

比如，对内容质量的高标准、严要求。这包括了解优秀内容的基本标准，并愿意以这样的标准作为目标，对内容质量的精益求精。当你遇到了创作瓶颈期、流量低谷期，依然可以保持良好的心态。

不过，你不可能只从一个账号上就总结出什么是"合理化"。随着你刻意观察、刻意分析、刻意积累的优秀账号越来越多，你才越能理解什么是合理的。

这也就是为什么，一定不能只找一两个对标账号。

15%的合理差异化，则是"自媒体定位"的核心。

定位，是一场田忌赛马。

想要赢得这场比赛，你必须要清楚哪匹是你的"优等马"。有些人的优等马，是背景资深、自带积累和信任；有些人的优等马，是亲和力强，出镜口播、带货直播，这些都是加分项；有些人的优等马，是长相讨喜，在拍情侣日常的时候，自带笑点；有些人的优等马，是热爱学习，非常适合做"边输入边输出"的知识博主……

你要尽可能地让你的优势匹配你的定位。匹配了，事半功倍；勉强来，事倍功半。这一下就差了整整三倍。

从个人优势出发进行定位，不仅合理，还自带一定的差异化。之所以是"一定的差异化"，是因为这些优势不只属于你，很多人也有类似的优势。

差异化并不是"重点"，让定位匹配自己的优势，让差异化合理，才是关键。

剩下的5%，则是纯粹的"差异化"。

如果说"合理化"和"合理差异化"决定了一个账号的下限，那么差异化，则决定了一个账号的上限。

为什么"差异化"只占5%，却如此重要？

因为，它是粉丝"记住你"的原因。

这个原因越"难以磨灭""不可替代""积极正向"，你就越容易在满足同样需求（合理差异化）的账号中脱颖而出，也越不容易被粉丝遗忘，甚至"取关"。

而且，这5%的"差异化"，也决定了你获得铁杆粉丝的能力。

拥有更多的铁杆粉丝，会进一步提高你的"下限"和"数据稳定性"，让你最糟糕的数据也不会糟糕到哪里去。这样的账号，自然更容易获得甲方的认可。

所以，"合理化"多于"差异化"，但"差异化"比"合理化"更重要。

最强大的差异化，是真实的人格魅力。

有一些账号，是全网粉丝量千万级的超级头部博主的账号。而所谓的"超级头部博主"，不是只因为粉丝量多，我们更要看他们的"流量稳定性""粉丝互动质量""商业价值认可度"。

那么，我们如果从"差异化"这个词出发，去观察这些博主，他们是不是因为"刻意把衣服穿得怎么样、刻意手里拿着什么东西、刻意设计一些剧情"，也就是通过"刻意制造冲突"，而被大家长期记住、持续喜欢？

短期也许是，但长期一定不是。

这些博主之所以成为超级头部，他们是在"合理化"和"合理差异化"的基础上，展现出了各自的人格魅力，并持续地输出价值。

人格魅力，并不是一个"独立元素"，而是"你"在完成一件事情时，所展现出的不同。而且这个不同，给大家带来的是正向的心理反馈。

如果你用粤语解说做菜，也许只是"元素的刻意冲突"，不是人格魅力。但如果你用粤语解说做菜时，让大家感受到了温柔，有一种被治愈、很放松的感觉，这就是你的人格魅力。

同样是探店，同样是运动，同样是讲汽车，同样是教英语，为什么有些博主，会让你觉得他有更强的人格魅力？也许因为他的幽默，也许因为他的坚持，也许因为他的三观正，也许因为他有耐心，但无论是因为什么，人格魅力都是一种"公认品质"的不断呈现，而不是简单的"元素冲突"。

次强大的差异化，是持续地输出价值。

你可能觉得，应该把"持续输出有价值的内容"，归纳在80％的"合理化"里面。或者至少，归纳在15％的"合理差异化"当中。毕竟，持续输出价值更像是合理的定位策略。

归纳在哪里，不重要。

重要的是，我们要回归本质——差异化，是别人"记住你"的原因。

如果你真的能持续输出对许多人有价值的内容，哪怕差异化只是"名字和别人的不一样"，长此以往，你同样也会被记住。

差异化强度 × 互动次数 = 被记住

你通过独一无二的人格魅力、非常优秀的内容制作水平，让自己拥有了"80"的差异化强度。用户只要看完你一条内容，可能两天之内都忘不了你。过几天，又刷到一条你的视频，记忆指数达到了160，这就能记住你很久了。

我知道，这个公式非常不完善。但它的核心，是让你明白"差异化强度"这个概念。

如果你做的内容对大家有用，哪怕只是你的名字和别人不一样，你也是有差异化的。只不过，差异化强度可能只有"5"。如果一天内，用户只看了你两条视频，转眼就会把你忘记。

但如果，你能持续输出价值，让用户总能看到你，再配合一些小技巧（道具、声音、互动区），进一步提升"差异化强度"（提升到了90），哪怕不露脸、不拼表现力，只要经常出现在粉丝面前，你也同样可以被大家记住。

你想想，是不是不少你有印象的博主，就属于我描述的这种情况？只不过，如果你好几天都没有刷到这个账号，可能不知不觉就把他忘了。

最基础的差异化，是"刻意制造冲突"。

在服装、道具、场景、声音、妆容上，做出"反常识认知"的设计，也就是设计一些"记忆点"，是非常常见的打造差异化的技巧。但如果你不配合"人格魅力"和"持续价值"一起使用，就会成为"为了差异化而差异化"，这很可能会适得其反，让内容失去"合理化"。用户看一次两次，会觉得新鲜，但同样也会快速失去兴趣。

所以，从"分析对标账号"到"打造自己的差异化"，我们其实就是在不断地"拆解""分析""归类""重组""创新"。当你有意识地"大量观察、大量分析、大量归类"，你就已经掌握了"对标账号"的核心价值。

对标账号在帮助你验证什么是合理的80%，发现适合自己的15%，找到独一无二的5%。

80%、15%、5%的比例，当然不是绝对的。

我只是在用"二八法则"提醒大家，如果你希望运营一个被用户和市场接受，也就是有商业价值的自媒体账号，不要为了差异化而差异化。合理化、用户需求、用户体验，这些才是更重要的。

长期而极致的合理化，就是最高级的差异化。

定位形式

你可能有过纠结：是做一个"出镜露脸的口播号"，还是和朋友一起做一个"剧情号"，或者干脆不拍短视频，在小红书试着做一个"图文号"。

再次强调：口播、剧情、图文，这些不是定位、不是赛道、不是风格，而是内容的呈现形式。

你想分享知识，口播、剧情、图文，这些都可以。

你想分享育儿知识，口播、剧情、图文，这些也都可以。

你想风趣幽默地分享育儿知识，口播、剧情、图文，同样也都可以。

除了口播、剧情、图文，"采访""解说""vlog⊖""plog⊜""画中画""一人分饰多角"等这

⊖ vlog这个词来源于blog，意思是视频博客，也可以称为视频网络日志，是博客的一种变体。
⊜ plog指以图片以及照片的形式记录生活以及日常。

些呈现形式，都可以帮助你成为"风趣幽默的育儿知识博主"（或者其他的账号定位）。

关键是，你如何选择适合自己的内容呈现形式？

最简单的解决方案，就是用刚才提到的"达·芬奇画鸡蛋"的方法，将自己想做的内容，通过不同形式的对标案例，分别做一次"1：1 还原"。然后，你大概率会发现：形式与形式之间最大的区别，不是对天赋的要求，而是在时间上的投入。

用其中的一些形式（比如"口播"），你可能在一个小时之内，就可以搞定内容、拍摄、剪辑。还有些形式（比如"vlog"），如果你自己操作，只是完成分镜脚本，可能就要半天时间，再加上场景搭建、道具准备、多机位拍摄、海量素材的剪辑，一条内容从策划到正式发布，一周时间可能都不够用。

相差几十倍的时间投入，值得吗？

究竟是优先保证质量，还是数量？

三年前，我的答案是：值得，我们要优先保证质量。因为，对于自媒体创作者来说：一条大爆款的价值，远高于100条甚至1000条的平庸之作。

但现在，在接触了数千位想做好自媒体的新人创作者之后，我发现自己当初的想法有些理想化了。对于95%的新人创作者来说，在保证基本的创作数量的前提下，要不断提升内容的质量。

如果每条作品所投入的时间成本很高，辛辛苦苦做了个"周更号[⊖]"，甚至"月更号"，三五条作品发布后，一两个月也就过去了。假设这位新人创作者没有收到任何数据层面上的正反馈（比如，没有"点赞99+"的作品出现），真的太容易选择放弃了。

而这个假设，也就是"三五条作品，拿不到正反馈"，大概率会成为现实。

毕竟，新人创作者的前几条作品，内容质量本身就很难达到"有机会火"的水平。而且对于一个没有粉丝基础的新号，哪怕内容足够优秀，也有可能因为算法对其缺乏了解，导致匹配不到精准的流量，所以很难一开始就拿到结果。

于是，在我的线上训练营中，我把"控制成本、稳定输出"这八个字，加在了"不断迭代、静待花开"的前面，

⊖ 周更号指平均每周更新一次的账号。类似地，月更号是经常一个月才更新一次的账号。

让你能够基于自己的实际情况，在选择内容呈现形式的时候，优先保证"每周至少可以完成两次更新，且不会过于消耗时间和精力"。

无论选择哪一种创作形式，在拿到正反馈之前，你都会缺少最重要的乐趣，也就是来自粉丝的认可、来自甲方的支持，但至少在相对轻松的创作过程中，你会减少很多精神上的消耗，这样才能更好地落地"不断迭代、静待花开"。

高级的形式虽然更容易出彩，但朴素、简单的形式并不是没有机会，甚至更适合一些"接地气的内容和风格"，帮助你轻松地完成起号。

总之，在选择内容的呈现形式时，一定要优先考虑自己的时间和精力，在保证作品能够稳定更新的基础上不断迭代、精益求精。

定位赛道

有必要再重复一遍我的观点。

不要选择自媒体的赛道，而是选择生活中的赛道，并通过自媒体，150%地还原这个赛道。

我们可以通过拆分每天的时间、罗列不同的空间，从日常的"吃、穿、住、用、行"出发，或者从"专业背景、职场经历"出发，梳理经常出现在生活和职场里的事件和场景，从中找到自己的特长和热爱作为内容赛道，并且，我们还可以通过"达·芬奇画鸡蛋"的方法验证我们的天赋，最终对账号定位。

但是，在确定赛道的时候，大家总会有许多顾虑。比如，现在做某个赛道还来得及吗？这个赛道容易变现吗？我能对标×××吗？

所以，在确定赛道之前，我再给你三颗"定心丸"，让你能够安心地筹备内容。

平台永远需要新博主

对于任何一个内容平台来说，新博主就好比是"水源"。失去了不断涌现的优秀创作者，用户就会逐渐离开。用户离开了，平台的其他金主（比如品牌方）也就离开了。

因此，我们在大部分的内容创作平台里，都会找到针对新创作者（或者更严谨地说，是新账号）或者跨平台创作者的各种创作激励和流量扶持活动。

就算没有这些激励措施，算法的参与和"加热工具"的出现，也会让足够优秀的新内容获得更多出圈的机会。对于"创作出一条爆款"这件事，已有的粉丝数量、账号注册的时间、发布过多少条作品，这些条件远没有大多数人想象的重要。

甲方永远需要新博主

一位博主、一个自媒体账号，就和一款产品、一个品牌、一家公司一样，都存在自己的生命周期。当一位博主进入了下滑期，他所能接到的新合作以及甲方的再次投资都会越来越少。

但是，市场永远都有新的甲方。成熟的甲方也永远有新的推广预算。

因此，每一位新博主的变现机会，并不会比成熟博主的少。我们甚至要格外珍惜"新博主"的阶段，将账号的上升期和成熟期转化成变现的甜蜜期。

用户永远需要新博主

公众号图文时代，读者对"新博主"的需求并不会那么大。一个人关注了几个影评号、几个新闻号、几个情感号、几个科普号、几个段子号，真就差不多了。

毕竟，认真读完一篇文章，少则几分钟，多则十几分钟、几十分钟。所以，几十个优秀的账号，加上背后上百位作者和编辑，足以填满大部分人的碎片化时间。

但在短视频时代，视频内容的精练、形式的强差异化、算法的匹配调控、一划即过的体验，这四者的叠加，让用户对"随手再关注一位博主"这件事变得顺其自然。

不信，你可以认真回忆一下：2017年之后，还有多少现象级的公众号出现？除了企业的服务号，你又有多久没有新关注一个自媒体公众号了？但是，哪怕到了2024年、2025年、2026年，是不是每个月依然会有很多十万级、百万级粉丝量的短视频博主，在各个细分赛道横空出世？

如果你已经消化了这三颗"定心丸"，现在最需要问自己的问题，只有一个：你想做的那个赛道，是否有长期、稳定的"市场需求"？

这个需求包括平台的需求、甲方的需求、用户的需求。

如果平台不限制你的赛道（能搜到近期的一些爆款），甲方市场很活跃（商品带货有销量，投放广告的品牌多），用户有需求（经常有新的博主出现），你就别担心赛道的机会问题了。

放心，你选择的那座山，山顶（也许还包括山腰）一定有宝箱。你要做的，就是鼓起勇气，通过精心地准备、不断地练习、稳定地输出，一步步地爬上那座山。

定位风格

再次强调：对于一个自媒体账号来说，风格和形式都不是独立存在的，它们要能够和"账号的价值"放在一起，产生"1+1＞2"的协同效应。

我之前建议大家问自己四个问题。

我的内容更匹配什么风格？

我的形象更适合什么风格？

我的粉丝更喜欢什么风格？

我的成交更需要什么风格？

可现实却是，绝大部分的自媒体账号，问题并不是"风格不匹配内容价值"，而是根本"没有风格"。究其原因，是很多人还没有想清楚"账号的价值"是什么，也不知道该如何呈现自己的风格。

我们得先回归到"账号的价值"，想清楚用户"点赞你、关注你"的原因，才能确定什么是"适合你的风格"，再进行呈现与放大。

我将"账号的价值"分为情绪价值、认知价值、资讯价值三个大类。只从字面上理解和分析，你可能会发现，很多优秀的账号是兼具这三种价值的。但账号就算是兼具了这三种价值，也一定是有主次的。

举个例子：校长说了一句话，副校长、教导主任、班主任分别怎么理解、怎么应对，一段"一人分饰多角"的小剧情，主要提供的是情绪价值（带来快乐），但对于部分用户来说，他可能还会接收到认知价值（为人处世的方法）以及资讯价值（一些你不知道的信息和知识点）。

再举个例子：教家长如何跟孩子一起做游戏，主要提供的是资讯价值（客观的育儿方法），但其中穿插的解释（为什么这款游戏更适合孩子和一些游戏的注意事项），会让一些家长获得认知价值；如果孩子和你一起出镜，玩得特别开心，让人心情愉悦，自然又有了情绪价值。

风格的打造，不需要兼顾所有的价值，只需要服务长期稳定的核心价值即可。因为其他两种（或者一种）价值，往往是某个选题的附加品，具有不稳定性。这条内容里有，下一条内容里可能就没有了。

如果你的核心价值是情绪价值，你的风格就要围绕"希望传递的情绪"进行设计。

你拍"下班之后的vlog"，希望给大家带来"治愈"的情绪价值，你的风格就要温暖、舒缓。那么，音乐的选择（或者旁白的声音）、内容的节奏慢一些更适合。家居风格、道具使用，包括家里猫猫的窝，自然也要从"看起来很温馨"的角度进行思考和设计。

你拍"情侣之间的搞笑日常"，风格则完全不一样。你想让大家在"看似日常"的生活中，看到"不日常"的故事，获得情绪价值，首先就要打造"真实感"。内容的场景，服化道的设计，反而要考虑"大多数人是不是都这样"，以增加代入感。但在内容的节奏上，快一些则更适合；在内容的情节上，则需要不断制造冲突。

如果你的核心价值是认知价值，你的风格则要围绕"分享者的身份"进行设计，打消陌生人的内心质疑：你是谁呀，凭什么教我做事情？也就是说，通过风格突出自己的"从容"与"诚恳"。

很多人会在这里犯错误，用夸张的风格、充满冲突的脚本、怪异的道具吸引大家的眼球，博取额外的流量，却忽略了认知价值的核心——获得真正的信任。

没有了信任，认知价值就转化成了资讯价值，甚至变成了情绪价值。那么，这很可能就偏离了你对账号的长期规划。

比如，你希望通过"在线课程""个性化咨询"等服务，获得一定的收入。但如果你输出的认知价值，因为风格，变成了目标人群眼中的资讯价值甚至情绪价值，也许会有更多人看你的视频，但缺少了信任，很难实现最终的转化。

最后，说说资讯价值。

如果大家点赞、关注一个账号的原因，是"我也想做这道菜""改天在家也跳一次这支燃脂舞""还想继续看其他剪辑出来的大片""我学会这个塞衣服的小技巧了"……

这个时候，账号的风格就应该从"更好地满足用户需求"出发，先保证内容价值的实现。在此基础上，再考虑如何增加内容的认知价值和情绪价值，让用户"想跟你学习做这道菜""改天在家跟着你跳一次这支燃脂舞""还想继续看其他你剪辑出来的大片""学会你的这个塞衣服的小技巧"。也就是通过一些差异化，增加账号的IP属性，提高账号的商业价值。

但我必须强调，如果一个账号的核心价值是资讯价值，那么风格的合理性依然要占"大头"。而如果一个账号的核心价值，是认知价值、情绪价值，风格层面的"差异化"则相对重要。

最后，我们回归到"起点"——什么是风格？如何打造风格？

从一名普通用户的角度出发，他对一个账号在风格上的描述（"我喜欢这种风格"），不外乎几种：真实、高大上、热闹、少女心（萌萌的）、简单粗暴、温暖、搞笑、欢快、慢条斯理……

那么，如何打造这些风格呢？

我们依然要回归到最基本的元素：选题上的、视觉上的、听觉上的、文字上的、互动上的，等等。我们先思考如何用独立的元素，可以更好地体现出风格。

比如，我们如何让一个美食号有"少女心"的风格？

选题（做什么美食）、环境（在什么样的空间做）、道具（锅、碗、案板、刀具）、声音（配音、音乐）、调色（暖色调还是冷色调）、账号的名字等，一个个独立思考，问题就简单了。

接下来，再去观察各领域的优秀账号，看看它们在元素层面都有哪些针对风格的刻意设计。元素与元素之间如何搭配，风格与内容之间如何融合。

积累的多了，适合自己的想法也就多了。而以上方法，在前面如何使用对标账号的部分，我们其实已经学习过一遍了。

最后，除了让风格匹配账号的价值，我更希望你的风格可以"匹配自己的真实人格"。你可以通过"演"让风格夸张化，但尽量不要"装"。在不适合自己的风格下进行创作，会大大增加自己的情绪消耗。

定位平台

清晰了定位，想好了赛道，你还有一个关键性的选择：抖音、快手、小红书、B站、微博、公众号、视频号……去哪个平台，或者哪些平台，运营自己的自媒体账号？

这个时候，很多人的逻辑可能是：哪个平台的用户多、发展趋势好、变现能力强，当然就选择哪个平台。

如果你是投资人，这个逻辑是没错的。但我们只是一位"微不足道"的创作者，我们的变现目标，不是一年赚几千万元、几亿元，做出一家"上市公司"，而应该是更大概率地实现月入几千元、几万元、十几万元的目标。

这样的目标，这些平台都可以做到。

所以，我们应该少考虑平台自身的上限，把更多选择平台的依据放在"概率""成本""收益率"上。要知道，上限越高的平台，高手和专业团队就越多，素人单打独斗的成功概率也就越低。

有了这样的认知后，接下来的三个选项，你会选择哪一个？

A：努力一年后，20%的概率月入3万元，40%的概率月入1万元，40%的概率月入0元。以上只投入时间和精力。

B：努力一年后，1%的概率月入10万元，99%的概率月入0元。以上只投入时间和精力。

C：努力一年后，20%的概率月入100万元，80%的概率月入30万元。以上每个月投入50万元的成本。

当把这三个选项放在一起的时候，我相信绝大部分人会选择A，小部分人会选择C，但几乎没有人会选择B。

选项A的前两种结果，已经达到甚至超过很多人对"做副业"这件事的目标了。选项C，则更接近带着团队创业的预期。而选项B在同样"零投入"的情况下，虽然有着更高的"上限"，但在成功的概率面前，上限的意义变得非常低。

我们再思考一组数据。

假设平台上有一个人，一场直播带货收入为500万元。平台上的另外9个人，直播带货收入一共加起来只有1万元。

如果只看"上限"和"平均数"，10个创作者的平均收入为50.1万元，最多可以变现500万元，是不是特别有吸引力？可实际上呢？

对于更多新人创作者、新人带货主播来说，上限与我们无关。我们只是"被平均"的那个人。所以，绝大部分的创作者更应该关注变现数据的"中位数"和"概率"。

有些平台的蛋糕很大、上限很高，但会被专业团队拿走90%，单打独斗的其他创作者一起分剩下的10%。还有些平台虽然"总蛋糕"不大，上限不高，但意味着"有更少的高手和专业团队"，普通创作者可以分到的蛋糕更大。

所以，选择平台的时候，请别只关注抖音、快手上的那些一年变现上千万元甚至破亿元的"现象级案例"，而是应该沉下心来，研究各个平台那些几万、十几万、几十万粉丝量的账号，自己一个人做起来难不难，变现能力怎么样。

然后，你也许会发现小红书可能更适合素人创作者。

用刚才的"分蛋糕"逻辑来解释：如果你经常用抖音、快手、小红书、B站，你可以轻易地想到一些抖音头部博主、快手知名IP、B站"百大UP主"，但到了小红书，你恐怕很难想出几个毫无争议的代表性账号。

我们也知道，小红书同样是一个商业价值很高、甲方在大量寻求博主合作的自媒体平台。这其实就意味着，小红书对非头部的创作者有"更大的蛋糕"。

这背后有三个具体原因。

第一，如果说抖音是一个非常综合的内容平台，那小红书则偏向于聚焦"素人的生活经验分享，好物种草[⊖]"。小红书自带的"消费指导"属性，非常吸引品牌方的投放。

第二，甲方在小红书的投放策略，往往更重视合作博主的总数量，而非"头部博主"的数量。粉丝量不多的"脚踝部"博主、"腰部"博主，也很容易受到甲方的青睐。

第三，在小红书平台，几条小爆款甚至只需要一条大爆款，就可以帮助一位新人创作者成为"脚踝部"博主、"腰部"博主。而且在小红书创作出爆款的难度，相对其他许多平台来说要低一些。在这本书中，我会分享给你小红书的爆款技巧。

所以，如果你想做一位内容博主（比如，美食博主、美妆博主、职场知识博主、育儿知识博主、穿搭博主、家居博主……），通过"接品牌广告"变现，请一定不要忽视小

　　⊖　"种草"是当下很流行的一种网络用户，指消费者对待特定商品产生了一定的购买预期。

红书平台。

如果你有自己的产品或者项目（包括但不限于知识付费、咨询付费、线下服务、传统电商），希望通过新媒体直接实现线上销售与服务，或者你想带货变现，包括短视频带货、图文带货、直播带货，抖音、快手、视频号、公众号则相对成熟，可能更适合你。

定位心态

我把最想和你说的一些话，放在了定位篇的最后。

我们从小到大（尤其是有了自媒体之后），已经听过太多太多的道理了。可以说，在如今的时代，只要你想获得成长、取得成功，最容易达到的境界就是"道理自己真的都懂了"。

但道理都懂了，我们还是没成功。

落到"做自媒体"这件事上，这种情况就更普遍了。

我在2016年就开始了关于"如何做好自媒体"的线下授课、线上培训、博主孵化。8年的时间，我深度接触了上万名同学。我创建了一家MCN[⊖]机构，带着三十几人的团

⊖ MCN是Multi-Channel Network的简称。国内MCN机构的业务范围主要包括自媒体博主的内容创作支持、商务广告支持、直播带货支持。

队，帮助"素人博主"成长，并保持对创作者们的观察和交流。

以下是我总结的三大"道理懂了，但没有成功"的原因以及解决方案，希望可以帮助你看清本质，起号成功、做号顺利。

第一大原因：道理懂了，眼没懂。大概占比：80%。

第二大原因：道理懂了，手没懂。大概占比：15%。

第三大原因：道理懂了，心没懂。大概占比：5%。

先说说占比最多的"道理懂了，眼没懂"。

大部分的新手创作者，并不能完全洞察出"这条作品为什么火""这个账号为什么被那么多人喜欢"的关键细节。而出现这种情况的原因，就是大家在分析账号的时候，"颗粒度"太大了。大家在分析一个账号时，很可能会停留在"画面不错""声音好听""选题创意好"这种"大颗粒度"的观察。这样的观察，并不会让你学习到有价值的创作技巧。

而如果你能做出以下分析："这位数码科技博主虽然不露脸，但是每次都会露出商务衬衫的袖口，是的，每次都是商务衬衫。他的声音有磁性，账号名字里带'大叔'两个字。商务衬衫的袖口、磁性的声音、名字里的大叔，这三者的同时出现，太加分了。"这就是"小颗粒度"的分析，是更有价值的分析。

大颗粒度，是共性。

小颗粒度，是个性。

每个人、每个号、每条内容的成功，都由"大部分的共性"和"小部分的个性"组成。那些你懂了的道理，往往只是帮助你验证"哪些是必须要做到的，哪些是成功的基准"，却无法帮助你看到更重要的"个性"，也就是"哪些是有可能需要做到的，哪些是值得尝试的"。

对于还没有起号的创作者（旁观者）来说，不断提升自己对"小颗粒度"内容元素的洞察力，发现大多数人看不到的"受欢迎的原因"，真的太重要了。只有这样，大家才更有机会发掘出自己的优势，看清楚哪里是目前的短板，如何能越做越好，实现突破。

当然了，并不是所有的"小颗粒度"的精彩，都是刻意设计出来的。其中有很多，都来自创作者的天赋或者习惯，连他自己可能都不知道"这才是我火了的原因"。

眼睛懂了，才会轮到"手"。

手"没懂"也许是最多人认为自己做不好自媒体的原因了（见图1-2）。

你的脑子：　　　　你的嘴：

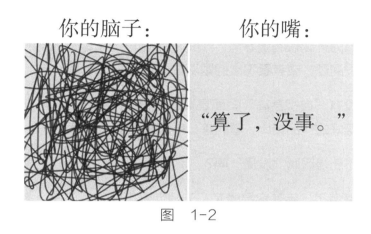

图　1-2

看过之后，你有没有"我中枪了"的感觉？

脑子里有很多超赞的想法，甚至已经脑补出了精彩的画面，想好了其中的"金句"，但一打开手机摄像头，或者把手放在键盘上之后，一下子就"卡住了"。就算完成了作品的拍摄，当点击播放时，实际画面简直让我们"不忍直视"，这和预期差了十万八千里。

很多人会觉得，这些都是手"没懂"导致的，但实际还是眼睛"没懂"。

许多创作者根本就没意识到自己哪里做得不够好，哪些细节被忽略了。

我经常会收到一条"30分"的作品（满分为100分），然后被问道："老师，你帮我看看，这条内容有什么问题吗？为什么没有流量？"（提问者自己觉得这条内容的质量没问题，或者看不出问题所在。）

你没有"自视甚高"，而是真的觉得自己的作品，与那些数据好的作品相比，看起来、听起来真的"差不多"。

这不还是眼睛"没懂"吗？

眼睛懂了，手就容易懂了：无他，唯手熟尔；无他，多多练习。

眼睛和手都懂了，最后就要走"心"了。

是的，这三者其实是递进的关系。只有当你的账号走上了正轨，有了一定的变现能力，才会面对"终极大Boss"。这才是做自媒体的心态。

也许你会问：眼睛没懂、手也不行的时候，心态不才是最重要的吗？

不一样。

我把新人起号阶段的心态，归在了"道理"层面。眼和手都不行，当然要沉住气，不断努力。这是基本的道理，大家都应该懂。

而我现在讲的心态，则偏向于"不同的选择"，而不是"公认的道理"。

比如，选择"急流勇退，销声匿迹"。

比如，选择"杀鸡取卵，快速变现"。

比如，选择"得过且过，走向平庸"。

你相信吗？我身边有不少已经成功变现，且非常有发展潜力的自媒体创作者，突然停止了更新、销声匿迹。也就是说，他们主动放弃了一个"可以稳定月入几千元、几万元，甚至更多"的账号。

因为对于一些人来说，获得收入的快感，是边际递减的。如果他们无法从其他路径获得快感，哪怕创作和运营的"付出感"是恒定的，"快感和付出感"也早晚会出现交集，开始产生"付出大于收益"的感觉，导致这些人更新得越来越少，甚至"急流勇退"。

也就是——我累了，不爱了（见图1-3）。

这是一种"出现后很难治愈"的状态。想避免的话，就要在开始创作之前或者在创作的过程当中，找到"来自金钱收入之外的快感"。

比如，创作本身的快乐、用户的正反馈。

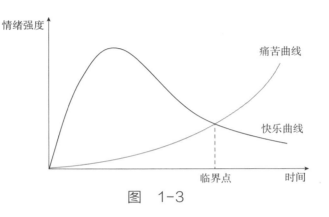

图　1-3

当然也有一些创作者，有强烈且稳定的变现欲望，赚钱这件事本身，就可以给他们带来足够的快感。

对于这类创作者，则要注意避免"急功近利"的情况发生。

比如，当你只有几千名粉丝，甚至只有几百名粉丝的时候，可能也会有品牌找到你，进行"置换合作"（给你邮寄商品，但是没有广告费）。或者一些"不知名品牌"找到你，想进行广告合作。这个阶段的合作，广告费自然不会太高（可能只有几百元，甚至几十元）。

这个钱，要不要赚？

如果你的账号没有什么发展潜力，甚至就是当作"营销号"做的，当然可以赚。但如果你希望做一个商业价值更稳定、上限更高的账号，就应该放弃这样的机会。

你接了什么样的广告，账号就会被粉丝和甲方附上什么样的"标签"。账号运营的早期，我们很难获得"知名品牌"的合作邀约，但可能会获得一些"不知名品牌"抛来的橄榄枝。如果你选择了后者，不仅有可能影响账号的发展速度，也会影响未来一些与大品牌合作的机会。

收入虽然在眼前，但如果你的野心更大，就要把变现的节点放在远一点的地方。

以上两种情况，"急流勇退"比较极端，"暂时不变现"也只是阶段性的。关于心态，最常见的状况是"逐渐丧失创作热情"，自己变成了"稳定输出、稳定赚钱"的创作机器，就像很多人在职场里的状态。

当然，这不算是一个问题，这只是一个选择。

只不过，当你真的到了这种"机械化"的状态时，大概率还是会问我（或者问自己）：如何重新获得创作的激情？

毕竟，把"创作"做成了"工作"的感觉，已经偏离了很多人的初衷。

想要脱离这种状态，我的建议是：不要只和内容连接，而是多和生活连接，多和粉丝连接。

内容创作的激情，会随着"不得不更新了"这六个字的反复出现，逐渐褪去。

只要出现这六个字，我们创作的内容（为了广告，为了账号的商业价值，不得不做的）大概率不是自己真正想分享的。而我们真正想分享的内容，本身也可能越来越少。

所以，想真正解决这个问题，就必须做到"不断输入、不断输出"，而不能"坐吃山空"。当你带着"输入"的意识、思考的习惯，去看万事万物、去过每分每秒，无论是读万卷书、行万里路，还是刷刷抖音、看看小红书，都可以从本质上缓解"不得不更新了"的感觉。

我们缺的不是"输入信息"的时间，而是"将输入转化为输出"的意识。

我们需要经常提醒自己：昨天看的那部电影、最近读完的那本书、刚才点赞的几条内容、最近关注的一些账号、下周的出行计划，能不能变成一个选题，并衍生出"一个系列的内容"？

与此同时，我希望你能将"账号-内容-粉丝"的创作链条，升级成为"你-内容-粉丝-内容"。

通过内容，连接更多的粉丝。

通过粉丝，创作更多的内容。

请相信：你创作什么样的内容，就会吸引什么样的人。通过优秀的内容，与支持你的粉丝建立直接的连接，保持互动交流，是你突破创作瓶颈的最佳方法之一。

最后，我们可以做出这样的总结：悟道、洗眼、练手、磨心。这是摆在所有自媒体创作者面前的四道关卡。

想让眼懂，得自己洞察。

想让手懂，得自己练习。

想让心懂，得自己经历。

这本书的定位篇，我希望给你"不断洞察、不断练习、不断经历"的原动力。接下来的四个部分，则是我关于"洗眼、练手、磨心"的心得与经验。我会努力帮助你再少走一些弯路，更顺利地实现"起号、运营、变现"，并保持创作的热情与初心。

加油!

我们下篇见!

PART

2

搭
建
篇

搭建的重点

在这本书中，我将"账号的搭建期"，一直延伸到了"公开发布第1条作品之前"。

所以，搭建不仅包括了账号的注册、起名字、设置头像、写简介，也包括了内容的筹备。比如，拍摄场景的设计和布置、个人出镜形象的管理、相关拍摄道具的准备、拍摄器材的完善以及内容质量的打磨。

你完全可以把账号的运营，想象成"一部剧集的筹备、拍摄、上映与运作"。而你，除了要给这部剧起名字、做海报、想噱头、拉赞助，兼任"编剧""导演"和"演员"，你更要提醒自己，在一个完整的剧组里，还要有灯光、摄影、道具、化妆、录音等重要岗位角色。而这些岗位角色，也要由你一个人担任。

当然了，我们不需要以"专业影视作品"的标准来要求"短视频"，但你必须意识到以上身份的重要性，并学习一些关键知识。只有这样，你才能做出真正优秀的作品。换一个角度来讲，很多人制作的短视频之所以质量堪忧，就是只保留了"编剧""导演"和"演员"的身份，却忽略了"内容筹备"所需要的其他身份。

还有一些创作者，虽然意识到了"内容筹备"的重要性，但选择了"边发布内容，边提升质量"，而不是"先提升质量，再发布内容"。

在我看来，这并不是一个合理的选择。

当你公开发布内容、正式运营账号后，你就很难再将注意力放在"提升内容质量"上了。你会被数据左右，导致自己将有限的精力，大多用在了"选题"和"脚本套路"上。

商业价值越高的自媒体账号，越值得做出长期的规划与运营。所以，准备得越充分，你的起点就会越高，向前跑的速度也会越快。用一两个月的专心筹备，你先将内容打磨到"80分的水平"，将自己培养成一名"六边形战士"[⊖]，是非常划算的。

最后，我希望你以后看优秀的电影、电视剧、短视频、中视频的时候，不只会留意剧情和演员，也会有意识地关注

⊖　"六边形战士"就是全能的意思。

场景、道具、灯光、妆容、配乐等元素，培养"拉片[⊖]"的意识。这会潜移默化地提升你的创作能力。

如果以上这些内容，还不能让你明白"内容筹备"的重要性，我只好更直白地讲：对于学习如何"起号、运营、变现"来说，整个"搭建篇"的价值，比后面的几篇都要大。请你务必带着思考，认真读完。

___

　　⊖　拉片就是一格一格地反复看，反复倒带（盘），同时分析记录下你所看到的、所总结的。

账号的管理

作为这本书的读者，你大概率已经有了不止一个自媒体平台的账号。比如，公众号、抖音号、视频号、小红书号，但你在注册这些账号的时候，应该从来都没有认真阅读平台给你的"用户协议"。因为你清楚，为了通过注册，一定要选择"同意"。既然只能选择"同意"，还看它干什么？

我也不建议在这上面花费过多时间。

不然，里面的"××公司有权视情况封禁或注销、回收该账号，由此带来的包括但不限于内容、虚拟财产清空等损失由您本人及该账号使用者自行承担"，只会让你徒增困扰。因为，具体什么情况才会触发这些风险，用户协议里当然不会有太过于详细具体的说明（不然怎么叫"视情况"）。

不能违法、不能随意谈论敏感话题、不能过于三俗，甚至不能"站外引流"，这些你当然清楚。

但你可能也会发现一些"常见的例外"：这个直播间、这条内容、这位博主，好像在"打擦边球"，怎么流量还那么好？这个账号的简介里，写了自己的微信号，官方怎么视而不见呢？

究竟什么是平台的红线，什么是黄线，什么又是绿线？在你起号之前，我有必要和你分享一些关于"人在屋檐下"的经验和心里话。

关于红线：别给平台惹麻烦，你就不会有麻烦。

你可能不知道，某知名平台曾在其官方公众号上，发布了一篇关于与另一内容平台对等开放的文章。留言区里，有人提问：现在主页可以留"另一个平台"的联系方式吗？

官方的回复是：一直可以留，官方辟谣过很多次了，除财经类和医学类行业引流导致投诉风险过高，其他都可以在主页留另一个平台的联系方式。

在我看来，这一条回复揭示了所有内容平台（尤其是算法平台）"红线"的本质：你的行为是否会给平台带来风险，风险触发的概率有多大，风险的上限有多高。

用户发布了"严重触犯国家法律"的内容，作为平台方

（以及背后的大股东），没有履行好监管责任，可能会直接受到非常严重的处罚，于是就有了"敏感词"的提前审核。

用户发布"股票推荐类"内容、"药物推荐类"内容，有可能给用户带来财产的巨大损失、令其生命安全置于不受监管的危险之中。而如果这样的事情屡次发生，在公众的视角下，平台自然难辞其咎，并会转化为一场巨大的公关危机。于是，发布此类内容需要有专业身份认证，否则无法进行投放，因此不能留有个人信息。

你可能会想：我推荐股票不是为了骗人！我就是"公益荐股"！但对于平台来说，一个个审核、一个个监管，根本就不现实。权衡多方的利弊，"一刀切"可能已经是最优的解决方案了。

因此，我真心劝大家"别跟平台较劲"。

平台根本不会针对一个人，它只是在针对一些有可能伤害自己（股东）利益的行为。这件事你应该可以理解。

关于黄线：很多用户也这样，你就不要太担心了。

算法的介入，让内容的流量有了更大的"不确定性"，尤其是在"起号阶段"，我们很容易经历"长期的流量低迷"。再加上那些"看不见的红线""黑箱里的规则"，就容易导致很多的内容创作者患上"限流妄想症"，总觉得自己的账号被针对了，自己的内容可能违规了。

比如，你会担心这些问题：在抖音能讲"小红书"吗？我想做"家居博主"，是不是要天天刷"家居视频"来养号？一个手机登录两个账号会被限流吗？一个账号在两个手机登录会被限流吗？

经典的问题，官方已经在不同的渠道（官方账号的日常内容、官方的直播间、官方出品的课程）反复强调过了。但你依然不放心，或者又有了新的问题。

这个时候，你可以通过"观察总结"和"共情能力"，快速获得答案，让心中的石头彻底落地。

"在抖音能讲小红书吗？"

打开抖音，搜索小红书，如果你没有看到任何的"风险提醒"并且搜到了不少数据不错（通过点赞数，判断其播放量达到了几十万、上百万）的作品，不少博主在大大方方地讲小红书，你自然也能讲。

实际上，平台在意的是"跨平台引流"，而不是介意你讲别的平台。

"同时做好几个平台会被限流吗？"

多选几个你喜欢的博主或者你知道的知名博主，在其他平台（抖音、快手、小红书、视频号）搜索一下他们的账号名。如果粉丝挺多，这个担忧自然也就没有了。

实际上，如果你在一个平台有了很好的成绩，你的作品在其他平台不仅不会被限流，它们反而会欢迎你将优秀作品进行同步，甚至会给你一些政策补贴。

"两年没发作品的账号还能用吗？""一个账号可以在两个手机登录吗？""发作品之前，是不是要先关注100个同类账号？"

大家总会有这样那样的担忧，猜测别人的成功是因为掌握了某些秘籍（就像小时候玩红白机⊖时的"上上下下左右左右"）。

这个时候，你可以召唤出自己的"共情能力"和"想象力"，尝试问自己：这个平台有几亿的用户，是不是有很多很多（几十万个、上百万个）普通用户，好几年都没发作品。但有一天，某个用户恰好遇见了一位明星，于是发了一条短视频。

你觉得，平台的产品经理会因为这个用户"好几年都没有发过作品"而限制这条作品的传播吗？

_____
⊖　任天堂公司发行的一款游戏机。

"一个账号可以在两个手机登录吗？"

"可以，因为这是人之常情。"

"发作品之前，是不是要先关注100个同类账号？"

"不需要，作品的好坏与你关注了什么账号没有任何关系。并且，很多大号只关注了自己的小号。"

"限流妄想症"的唯一解药，就是不断提升自己的独立思考能力，学会使用"共情"和"分析总结"。

关于绿线：你给平台的越多，平台给你的越多。

当内容没有得到算法的青睐时，我们也许会问自己：为什么算法不给我流量？

在理解了"红线"和"黄线"的逻辑后，我希望你可以问自己另一个问题：凭什么算法给我流量？

你给平台带来了风险，其不仅不会给你流量，甚至会封禁你的账号。与此对应，你给平台带来了利益，并且这个利益会随着给你的流量越来越多而变得越来越大，平台自然会给你更多流量。

终于，我们打开了算法的黑箱，发现里面装着的不是什么代码，而是一本"经济学教材"。翻开第一页，上面写着：你用什么来交换流量？

你说："我可以用优秀的内容，来交换流量。"

算法回答："很遗憾，很多人瞬间划走了你的内容（2秒跳出率高），或者对你的内容不感兴趣（5秒完播率低），几乎没有人看完（完播率低），也没有人对你接下来要做的事情感兴趣（关注率低）。你的内容是否优秀，我不能做出主观的判断。但客观数据告诉我，你伤害了很多用户的体验。所以，我不会再给你更多流量了。"

你说："那我用钱来交换流量，总可以了吧！"

算法回答："可以，但如果你想用这么一点钱，就让我们的优质用户看劣质内容或者营销广告，这买卖我不能跟你做。我可不差你这点钱。等我先审核一下，如果你的内容没问题，我就给你一些流量。如果你的内容确实好，我会送给你很多的流量，这你可以放心了。但如果你的内容一般，那就不送了。可如果内容特别差，不好意思，钱我退给你，或者我只能让一些'点赞狂魔'和'关注狂魔'来看你的内容了。"

算法虽然是一个黑箱，规则虽然有灰色的区域，但算法和规则背后的企业经营目的、平台产品定位、股东共有利益，这些都不难分析。

理解了这几件事，"算法和规则""红线和黄线"就不再神秘了。

另外，我经常提醒自己：永远别跟算法较劲。

算法虽然不完美，但长期来看，算法是非常公平的。理解了规则和算法，不断提升内容的质量、运营的技巧，早晚会看到对应的回报。

名字的起法

现在请你把手机放在一边，能不能直接告诉我：你关注了哪些自媒体博主？

我相信，你能说出几个、十几个，甚至几十个名字，但你实际的关注人数远多于这些名字的数量。也就是说，你关注的绝大部分博主，你根本没有记住他们的名字。

甚至有些博主的脸、声音或者一条内容的创意，就在你的眼前，你特别喜欢他，经常看他的内容，可你就是想不起他的名字。

所以，拥有一个好记的名字超级重要。

但对于起账号名，还有比"好记"更重要的标准。

那就是"内容的预知性、价值的独家性"。

具体来说，就是当大家看到你当前内容的时候，是否会因为你的名字，对"你的下一条内容"是什么产生更强的预知，或者对"你是谁"产生更强的了解冲动。于是，大家更想进入你的"个人主页"，浏览更多内容，看一眼你的个人介绍，考虑是否关注你。甚至有些人会因为你的名字，在看内容的时候直接关注了你。

起名字，一定要从"提升来自内容的关注度"出发，才更容易实现"好记、好听、好懂"。

举个例子：甜仇。

你觉得这是一个好名字吗？

答案是：在看到内容之前，我们无法下结论。

我个人非常喜欢"甜仇"这个名字。因为，这对于一位"美妆博主"来说，简直太让人记忆深刻了。"哇，这个小姐姐的名字真的好飒！她叫甜仇！我想关注她！"

但如果这是一位美食博主呢？

你来脑补一下，如果这是一位专注于"做甜品"的美食博主，"甜仇"这个名字是不是也非常棒？关联与反差，让人记忆深刻。但如果是一位教你做家常菜的博主呢？这个名字就真的不那么恰当了。

那么，如果账号名是"化妆技巧大全"呢？或者是"每天一道家常菜"呢？

这就涉及另一个问题了。虽然"内容的预知性"被拉满了，却牺牲了"价值的独家性"。这不仅会影响关注度，还会影响账号的商业价值。

所以，在确定一个名字之前，我们要先清晰账号的定位、内容的风格、差异化的特征，再将名字还原到"用户看内容的时候"，判断账号名是否具有"预知性"。

至于"独家性"，则可以在确定名字之前，全网搜索一下，并尽量避免使用独立的"大众词汇""大众名字"（比如小兔子、一杯热拿铁、巴斯光年等）。

如果你的账号定位包含"确切的价值"，也可以使用"名字+价值"的组合，比如"池骋老师讲数学""池池的瘦身日记""小池的糊弄餐"等。

如果你的内容形式突出"个人表现"，也可以围绕名字进行加工，比如"小池Chi""池池吃池池""池骋Eric"，或者创造新的名字，比如"池薯条""池三三""薯条三三"……

在想好了定位之后，你可以先观察优秀博主的起名逻辑，再想想自己喜欢的词语文字。美好的名词和讨喜的叠词都是优秀名字的常用元素。

总之，一个优秀的账号名字，就是在保证"内容的预知性、价值的独家性"的基础之上，做到好听、好懂、好记、好搜，并且自己喜欢。

头像的意义

和"能想起具体的账号名字"一样，如果放下手机，你又能想起多少个"账号的头像"？或者我们降低难度，你又能想起多少位好友的"微信头像"？

可能你和我一样，能记住很多博主的形象，却根本记不住他们的头像。

所以，账号的头像是不是根本不重要？是不是不需要用我们本人的照片，更不需要去专业影楼，拍摄一张看起来"高大上"的照片做头像？

以上这些疑问都只关注了头像本身，却忽略了头像在实际出现场景里的效果。头像和账号名字一样，都不是"自成价值"的元素，而是账号整体设计的一环。而与头像相扣的一环，恰恰就是账号的名字。

所以，头像的价值是在辅助你记住这位博主或者这个账号的名字。但往更深层次理解，头像同样也可以增加"内容的预知性、价值的独家性"。

举个例子：有一位分享吃喝玩乐的博主，叫作"大连洋柿子"，你觉得她的头像可以选择以下哪一个？

A：笑容灿烂的生活照。

B：自己宝宝的照片。

C：手拿番茄的照片。

D：一枚可爱的漫画番茄。

E：美丽的自然风光。

F：开车时的严肃侧脸照。

我相信，你已经排除了B、E、F，并在A、C、D当中倾向于选C。但实际上，这三个选项不会有明显的差别，它们都符合优秀头像的标准。

因为，头像不仅和名字一起出现，更和账号的内容一起出现。

如果你用第一视角拍vlog，自己从来不露脸，那么使用本人照片作为头像，是一种账号价值的"战略补充"。但如果你平时的内容，就是强人设、总露脸，头像的战略价值，就应该侧重在"风格补充""人设补充""价值补充"。

比如，用"无厘头的简笔画"做头像，暗示这是一个风趣幽默的账号。

比如，用"本人灿烂的笑容"做头像，体现自己的亲和力强，好相处。

比如，用手写的"真实"二字做头像，强调这个账号的观点是客观的。

总之，不用太较真儿具体用哪一张图作为头像。在用户的视角里，这些头像几乎没有差别。你关注的，大家可能根本不会在意。

设计头像的关键，是理解头像和名字、头像和内容的价值补充关系。通过头像，能够一定程度地增加"内容的预知性、价值的独家性"。

头像设计只要符合这个逻辑就可以了。

简介的设计

很多人认为，账号简介就是"简单地介绍一下自己""简单地介绍一下这个账号"，于是就在简介里写上了自己的毕业院校、星座、爱好、斜杠青年的多重身份、宠物的名字、旅行过多少个国家……满满当当，密密麻麻。

可问题是，那些第一次刷到你作品的用户，真的关心你写的这些吗？如果没那么关心，究竟应该放什么信息，才不会浪费简介的价值？

接下来，请唤醒你的"场景思维"。

账号的简介，是在大家进入主页时看到的。它并不像头像、名字那样，和内容同屏出现。那么，大家什么时候会特意去看一眼你的简介？

当然是看完一条内容，想进一步了解你的时候。

比如，这人分享的"理财观"真有道理，他是谁呀？

点击进入主页，你觉得以下哪个简介更合理？

A：没有一个冬天不可逾越，没有一个春天不会来临。

B：身高189cm，85kg，天秤座，爱好广泛。

C：帮你变富。

D：请相信我：理财这件事儿，真的和收入多少无关。

E：挺厉害的私人理财顾问，CFA⊖/FRM⊖，管理客户净资产过百亿元。

我的答案是：这里没有哪个是"更合理"的。每个都有可能合理。

你可能会问，有几个我还能理解，选项"B"是什么意思？这又不是颜值号，这说的是"理财观"啊！

那如果，分享理财观的人，不仅内容好，长得也帅气呢？那这样的简介，就会在第一时间，放大他的"差异化"。而座右铭、账号价值、个人专业背景等，别忘了，这些还可以通过日常的内容、置顶的内容来展示呢！

"简"介，简单介绍一下自己，把你认为最加分的一句话

　　⊖　特许金融分析师。
　　⊖　金融风险管理师。

放进去，就可以了。写多了，关键记忆点的浓度就会被稀释。

还有，不要看到大号在简介里留"合作邮箱"和"合作微信"，你也跟着写。

当你的账号真的有足够高的商业价值时，合作方有很多渠道（比如私信、官方合作平台）找到你。找你的合作方太多了，广告你也接了不少，你再放一些补充的联系方式，那时候粉丝也不会反感。

场景的搭建

如果你关注了不少"喜欢谈论科技产品、游戏产品"的博主（多以横屏的形式拍摄），或者关注了不少通过"出镜口播"的形式，分享成长感悟、专业知识的博主（多以竖屏的形式拍摄），又或者你常看一些在家里做运动健身的博主、分享独居生活的博主，你也许已经意识到了"拍摄场景"的重要性。

在一个"科技感十足"或者"苹果店风格"的环境里，分享"最近上市的六款3000元价位的手机，哪一款更值得买"，这不仅会增加大家对你的信任感，还有可能直接提高用户的"平均观看时长"。在一个"家居感十足"或者"MUJI风[⊖]"的环境里（比如，暖光、绿植、舒服的椅子）分享"什么才是成熟的婚姻"，也会有类似的效果加分。

　　⊖　无印良品风，一种简洁的设计风格。

因为这些专业的场景，会成为"抓住用户注意力"的有力帮手（大家会被整体或者某个细节吸引），让第一次刷到你视频的人也愿意多听你说几句。而缺少了场景的帮助，你的形象和声音则会单枪匹马地面对陌生人。

如果你已经有了很多铁杆粉丝，你本身是一位明星，你的形象非常有特点或者非常出众，你的声音极具亲和力，你当然可以突出自己在这些方面的优势。但对于很多创作者来说，没有场景的帮助，想让"陌生人"在你这儿停留几秒，是非常困难的，尤其是对那些"上划一下就能换一条内容"的平台。

除此之外，专业的场景、高质感的画面、清晰的声音，这些也是品牌方在寻找博主合作的时候十分看重的细节。尤其是对于头部品牌来说，寻找博主合作，就是在寻找"一个个品牌代言人"。"看起来就专业"，自然是品牌方的要求之一。

遗憾的是，大多数创作者（尤其是新手创作者）都忽略了场景的重要性，或者明明知道场景很重要，却依然把大部分精力放在了"内容上"，直接让自己的脸和声音作为"排头兵"。你很容易高估内容本身对"注意力"的影响，或者完全忽略了"注意力"这个词。

内容再好，抓不住用户的注意力，用户还没等听进去，就

"走了"。

没有"外援"，只靠"脸和声音"就想抓住用户的注意力，太难了。

明白了场景和注意力的关系，你可能还会担心"搭建场景的成本问题"。关于场景上的成本投入（比如，布光、布景），我鼓励大家在力所能及的前提下，多花一点钱，尽可能一步到位。

因为，如果你计划长期做自媒体，比如输出100条作品，场景的成本就会被均摊在这100条视频当中。输出1000条作品，则场景的成本会被均摊到这1000条视频当中。也就是说，场景搭建的边际成本非常低，会被不断摊薄。而且，很多在场景上的设备投入，今后也可以二手转卖。

而对于某些内容定位来说，你也可以利用"免费的天然场景"（比如，森林深处的小溪旁、当地人熟悉的地标建筑、有代入感的小区公园），也能够更好地抓住用户的注意力。

希望你能从现在开始，多留意一些优秀博主的场景搭建方案，看看有哪些风格、哪些元素、哪些物件适合你的定位，给自己设计一套"场景搭建的方案"，并完成方案的落地。

形象的关注

想拍好短视频，你一定要出镜吗？

这可能是很多人关心且困惑的一个问题。

之所以关心，是因为有些创作者不喜欢出镜，有些不擅长出镜，有些不方便出镜，之所以困惑，是因为我们确实观察到了很多爆款内容和优秀大号，其创作者始终没有出镜。

关于这个问题，我的答案是：出镜是打造个人IP的捷径，但不是唯一的路径。

想打造个人IP，就需要有"能被人记住、有个人特点"的差异化元素。除了你的脸，你的声音、你的账号名、你的头像、你的精彩策划、你的独家经历、你的特殊身份，这些也都可以成为这样的"差异化元素"。但你的"脸"，或者"形象+声音"的组合，显然在"差异化强度"和"长期稳定性"上是最具优势的。

你可以回想一下：自己能记住的、喜欢的博主，大部分是不是都出镜露脸？

但是，也有很多内容优秀的创作者，并没有因为出镜露脸而获得更多流量，也没有让流量变得更有价值。因为，很多人的形象并不属于"典型的加分项"。

对于一些创作者来说，在账号运营的某个阶段（往往是早期），出镜可能还不如不出镜。哪怕出镜，也要适当弱化自己的形象（我本人就是例子）。

所以，哪怕你愿意出镜，也要先判断自己的定位、自己的内容、自己的变现模式，在用户和甲方的心理预期当中，你应该是什么样的形象。如果没有概念，就请相信大数据和已有数据给出的答案，通过搜索结果的排序、作品点赞数、博主粉丝量、留言区的好评，来了解用户喜欢的形象。

注意，这里的形象，并不是单指"天生的容貌"，也不只是"脸"，而是一个人在手机屏幕里所呈现的整体形象和气质。这不仅包括妆容风格、发型、服装，也包括通过体态、肢体语言、表达以及道具和场景的使用效果。

如果你想被更多人喜欢，希望通过"接广告"或者"带货"变现，就要把握好"讨喜"的尺度。如果你想获得更多人的"信任"，希望通过"销售自己的产品"或者"专业推荐"变现，就要打造出"专业"的感觉。

过于讨喜，会稀释"专业感"，甚至带来"哗众取宠"的效果。

过于专业，会降低"讨喜度"，毕竟平台的大环境偏向娱乐。

所以，掌握"尺度"很重要。

形象与变现模式的匹配程度也很重要。

而如果你愿意出镜，但清楚自己的形象可能是"减分"的，也千万不要灰心丧气。其实，我也面对过这样的困难。

你可以通过场景和道具弱化自己的形象（或者干脆不出镜），让大家通过内容逐渐了解你、记住你、喜欢你。当你有了足够多的"内容粉丝"，无论你的形象如何，只要做到真诚，让大家感受到你的态度，在那个时候出镜或者增加自己的出镜占比，极大概率是加分的。你会获得更多的正向反馈，越出镜表现越好。

所以，判断"出镜的时机"很重要。

形象与用户预期的匹配程度也很重要。

道具的加持

我曾经看过一位在全网拥有上千万名粉丝的美食博主，他展示了自己的储藏室。储藏室里面摆着几十个锅，上百件精美的碗和盘子，还有各种各样的筷子、勺子。

我还观察到了几位全网头部的独居vlog博主，几乎每条内容里，都能看到好几件"之前从来没出现过"的新奇物件，有的一看就不便宜。

但我同样记得，有一些博主每次出镜都穿着同样的T恤，背着同样的包，带着同样的帽子，一直没有换过。包括我自己也是这样，买了三件胸口有"：）"符号的同款T恤，专门在直播和录制课程的时候穿，一年没"换过"衣服。

所以，想拍好短视频，道具重要吗？

我的答案是：道具本身并不重要，重要的是"道具可以起到的效果"。

合理地使用道具（比如美食号的厨具、家居号的好物、博主的服装），可以帮助我们"增加开场的吸睛度""增加账号的辨识度""增加内容的丰富度"。有时候，我们只需要花很少的钱，就能办很大的事。

但不合理地使用道具，不仅钱不会花出效果，甚至还会起到"负面效果"。

如果你的形象非常突出，表现力十分优秀，而且想做口播类的内容，那你用竖屏前置摄像头"怼着脸边走边拍"，或者用横屏后置摄像头"人物居中坐着唠嗑"，不刻意使用任何道具，只突出你的形象优势，就是解决"开场吸睛"和"辨识度"的最好方案。而内容的丰富度，可以交给选题和文案。

但对于绝大多数的创作者，通过合理的道具使用，可以更好地完成"开场抓住陌生人""更快地被记住""保持新鲜感"这三个超级重要的任务。

比如，当你拍"一人分饰多角"的剧情时，你可以通过颜色夸张的假发制造"视觉冲突"，也可以通过款式经典的校服制造"视觉带入"，抓住用户的注意力，通过"开场前两秒不被划走"的考验。

比如，当你拍"观点输出类型"的口播时，你可以通过个性化的饰品、服装、手持物、摆件，打造自己的"视觉符号"，让大家因为这些符号而更快地记住你，同时配合优秀的内容，获得优质的流量和粉丝。

比如，当你拍"美食、家居"等可以不露脸甚至都不说话的内容时，你则需要通过道具的个性化和变化，实现内容的辨识度和新鲜感。

当然，高超的文案技巧和拍摄手法也可以实现"开场抓住陌生人""更快地被记住""保持新鲜感"，但这些能力相对来说十分稀缺，需要长时间学习和积累，并且容易出现"炫技"的情况，反而不被大家所接受。

总之，道具是为了"创作效果和运营目标"服务的，而不是为了"单纯地吸引眼球"。差异化的前提，一定是合理的。否则，不仅会白白花钱，还会适得其反。

拍摄的器材

无论是使用手持手机，还是使用三脚架、云台$^\ominus$；无论是使用全画幅微单相机、全景运动相机，还是使用航拍无人机，设备并不一定越贵越好、越多越好、越高科技越好。

适合你的，才是最好的。

你会发现很多大爆款内容，明显是用前置或后置手机摄像头拍出来的，和你日常拍摄的水平差不多（甚至还不如你），而这样的拍摄效果，有更强的代入感、真实感，让用户能瞬间看进去。而一些看起来就是专业人士拍出来的内容，反而会因为商业感太强，让我们失去兴趣。

对于绝大多数的短视频用户来说，他们对内容的预期，只是在6英寸左右的手机屏幕里，在几秒到几分钟的时间

$\ominus$　云台是安装、固定手机、相机、摄像机的支撑设备，分为固定和电动云台两种。云台可以任意旋转，方便使用者使用。

内，获得情绪上的满足、信息上的收获，而不是期待着一场视觉盛宴。

如今的手机（尤其是价格在数千元的各大品牌旗舰机型）配合擦干净的镜头（这很重要）、收音麦克风、三脚架（如果需要）、云台（如果需要），足以完美地还原绝大多数的内容创意。

更重要的，也很容易被忽略的一点是：手机拍摄和手机剪辑的便捷性，会大大降低新人创作者的创作成本，让大家在初期更容易坚持下去。

我当然不是说专业设备不好不能用。

如果有专业设备的加持，对于某些内容形式来说，会发挥出更大或者特定的价值。比如，"专业采访的内容形式""以精美为核心竞争力的美食号""品牌电商的直播间"。

但这还是由用户的预期决定的，也是由定位的特殊属性决定的。

如果把画面质感和拍摄技巧放在第一位，甚至把"炫技"作为目的，就算获得了一条数据不错的作品，流量也很难持续。

炫酷的拍摄技巧，用户第一次看到的时候会觉得很新鲜，很惊喜，但第二次、第三次看到的时候，新鲜感会快速下降。只有将内容价值放到第一位，让拍摄技巧更好地还原内容的价值，才能获得大家更持久的喜欢。

因此，一些创作高手会让你忽略拍摄技巧的存在，自然而然地专注在他们的内容本身。

布光的方案

如果说"摄像头是否擦干净了"是影响画面质量的第一因素，那么影响画面质量的第二因素就是"光"了。

白天的户外，无论是晴天还是多云，哪怕是阴雨连绵，我们拍摄的视频画面，至少是高清级别的。但到了夜晚或者光线不好的室内，画面就很容易模糊。

我不会在这本书里，和你聊"成像"的基本原理、白平衡、显色性、一点布光法、两点布光法。

第一，我的专业不在于此。

第二，用视频的形式更适合讲解这类知识。

第三，你可以在其他地方以视频的形式，不花一分钱地学到专业的布光理论与实战技巧。

我不会在这里打广告或者"引流"。

我是想通过"布光"这件重要的事情,和你聊一个更重要的事实:对"如何拍好一条视频"所需的知识和技巧,几乎都已经在互联网上了,并且不需要你花钱学习。

因为,这些知识和技巧(比如,布光、运镜、调色)并不是因为抖音、快手、视频号、小红书的出现而被总结出来的。它们在十几年前,甚至几十年前,就随着电影和电视产业的发展而出现了。而视频拍摄剪辑的很多专业高手,早已将这些对于他们来说的基础知识,分享在了互联网上。

当你在抖音、知乎、B站、小红书等平台,搜索"布光技巧",你会发现很多免费且优质的教学视频。接下来,你可以通过"播放量"和"互动数据"(比如留言区的留言),判断哪些视频更值得你学习,并且你还能"顺藤摸瓜",关注几位专业的"拍摄剪辑知识博主",获得持续学习的机会。

这些免费的知识和技巧,对于拍好一条短视频来说,绝对是够用的。

接下来,就是举一反三的时间了——还有哪些经典的知识和技巧,可以用在短视频的拍摄当中,并且大概率"早就在那里了,搜一下就能开始学习"?

比如，面对镜头不自然怎么办？

比如，后期的特殊音效怎么加？

比如，有哪些经典的转场方式？

这种"通过互联网，独立解决问题"的能力，就是我所定义的"网感"。

我希望你可以在账号的搭建期，尽可能提升这种"网感"。这对你未来能否运营好一个账号，会起到决定性的作用。

状态的调整

在"定位篇"的"定心态的位"中，我有说过这样一段话：可以说，在如今的时代，只要你想获得成长、取得成功，最容易达到的境界就是"道理自己真的都懂了"。

比如：不能半途而废，行百里者半九十，执行力是成功的基本保证。

具体到"做自媒体"这件事上，就是"只要账号的运营目标是合理的，那就沉住气，不断提升自己的能力，稳定输出优秀的作品，直到达到那个目标就好了"。但道理懂了和事情做好了，真的是两件事。不然就不会有那句：听过很多道理，依然过不好这一生。

在实际运营一个账号的过程中，我们真的太容易被流量的"起伏"、被流量"起"后的某一条负面评论、被"长时间没有变现或者变现低于预期"等情况所影响，选择躺平几天、几周，甚至从某一天躺平至今。

所以，在正式开始内容创作之前（包括开始练习拍摄之前），我想和你分享一下，我是如何在这十几年当中，一直保持学习的动力和创作的欲望的。

第一，互联网和自媒体给了我在自己感兴趣的领域里，与顶级高手同场竞技的机会，这让我感到兴奋，而不是感到焦虑。我在不断进步，这个领域的高手们也一直在努力，这更会让我动力满满。

第二，坚持创作能给自己带来"正向情绪"的内容，在此基础上，才是运营技巧的使用。哪怕是"甲方广告"，也尽量做到如此。

第三，把一定比例（20%～50%）的"自媒体收入"拿出来，作为"专项消费基金"，买一些"平时不舍得买、好奇很久"的东西，也包括一些"吃喝玩乐"的体验。这样做并不只是为了体验赚钱的快乐，同时也是一种自我投资，拓展自己在生活消费领域里的认知边界。这对于创作和帮助他人，十分重要。

第四，尊重粉丝，把粉丝当朋友，多和同频的粉丝沟通交流。这包括"留言区"的互动，以及主动发布一些"互动内容"。粉丝的反馈（褒奖、鼓励、善意的批评）是重要的创意来源和更新动力。

第五，永远期待自己的下一条作品，清楚自己还可以做得更好。把对上一条作品的遗憾，转化成对下一条推送的期待。阶段性复盘，阶段性迭代，对自己可见的进步感到开心。

以上是我目前可以想到的使自己保持良好创作状态的价值观和方法论，希望也可以给你启发和帮助。如果未来还有新的思考，我会更新在自己的自媒体账号上。

那么接下来，希望你可以带着良好的心态，进入"搭建篇"的最后一节，也是决定你能否更快起号的关键。

内容的标准

在开始"起号篇"之前，我最后问你三个问题，希望你能如实回答。

第一个问题：如果你已经决定要认真运营一个账号，那么在公开发布第一条作品之前，你有没有给自己的内容设置一个比较具体的质量标准？

第二个问题：如果有，这个质量标准有多高？

第三个问题：你真的做到了吗？

你也许能猜到，我所期望的答案。

第一个回答：在公开发布第一条作品之前，我有想好自己的质量标准。

第二个回答：这是一个被很多人认可，但我现在可能还没有达到的质量标准。所以，我的第一条作品，要达到

×××、×××、×××（质量标准上的对标博主）的"八成"再公开发布，并且设计出自己的特色。然后，再保持迭代，精益求精，做到自己的"十成"。

第三个回答：我做到了，但通过了一段时间的练习。

基于我的经验，只有极少数人能够同时做到以上三点，甚至符合第一个答案的都很少。大部分创作者会跳过这三个问题，直接拍摄、剪辑、发布。

因为，你十分期待的那个结果，就藏在"发布图标"（也许是一个小加号）的后面。只要你拍一条作品，点击一下发布图标，不用几个小时就能看到那个结果——作品的播放量。

如果播放量没有达到你的预期，你只需要再拍一条视频，再次点击"小加号"，就又能在几个小时之后，拿到新的结果。

"总会火一把吧！""下次就该轮到我了吧！"

在这样的心态下，你会把更多的精力，甚至几乎全部的精力，放在自认为"紧急且重要"的事情上。比如，下一条发什么会有流量，赶紧拍出来。可是，这些事情在当前阶段，其实既不紧急，也不重要。

在《高效能人士的七个习惯》那本书里，有一个观点让我非常受益：高效能人士会优先处理"第二象限"的事情，即"重要却不紧急"的事情。

在生活当中，这样的事情是"读书""锻炼身体""维护一些人际关系"（那些你知道很重要，却一直拖延的事情）。

而在运营短视频上，第二象限则属于"提高自己的内容制作水平以及对内容质量的要求标准"。

很多创作者都认可内容质量的重要性，却把提升内容质量放在了"不紧急"的位置，计划先拍几十条作品，边拍边进步。事实上，很多教你做短视频的老师也是这样的观点。

基于我对大家的实际观察和了解，如果在很低的质量标准下就公开发布作品，几十条作品过后，绝大多数人不仅没有在内容质量上有提升，甚至开始"破罐子破摔"，完全放飞自我。或者，干脆放弃了做账号这件事。

这背后的原因，我在"定位篇"里有写过：只要作品"公开发布"了，哪怕是成熟的创作者，当面对算法的不确定性（数据偏差）、用户反馈的不确定性（互动偏差）时，也会经常感到焦虑，只追求选题和流量，无心关注内容的质量。

何况是身为小白，却踌躇满志，面对着一次又一次播放量只有几十次、几百次的你。

因此，在阅读"起号篇"之前，我想再次强调一下之前的观点：尽可能做更久的非公开练习。

在作品公开发布之前，没有播放量的干扰，我们更容易专注于"重要却不紧急"的内容质量。

比如，用一个月以上的时间认真打磨第一条作品的标准。基于对大量优秀作品和优秀账号的分析，通过刻意练习，至少让作品的质量达到自己心中的80分，再开始发布作品，你反而会更快地完成起号和变现。

那么，加油!

我们下篇见!

PART

3

起号篇

起号的标准

我之所以把这本书的名字定为"起号"，是因为这两个字和"做自媒体"的关联性非常强。如果你看到"起号"两个字，心里咯噔了一下，那你就一定是这本书的目标受众了。

可是，这个总挂在我们嘴边的词，究竟该如何定义？

粉丝增长了，就算起号成功吗？

实现了变现，就算起号成功吗？

做出了爆款，就算起号成功吗？

具体粉丝增长多少，变现多少，或者做出了多"大"的爆款，才算起号成功呢？

以下是我对"起号成功"的界定：当算法通过用户对你的作品进行反馈，理解了你的账号定位、作品的目标人群，在你每次发布作品后，能够给到匹配账号定位和内容目标人群的流量，就可以说"起号成功"了。

所以，起号虽然带着"起"字，实际上却是一个结果。

而想获得这个结果，自然需要一个过程。

如果你的一条作品获得了糟糕的用户反馈（包括完播率低、没有人关注你、大家瞬间划走、没有人留言等），那么这条作品对于"起号"这个结果来说，是毫无推动价值的。

如果你的一条作品获得了大量的积极反馈，但是这些给你反馈的用户（看完了你的作品，关注你了，给你留言了，点赞了）再次刷到你的时候，几乎都在开场时就把你划走了，这样"进一步又退一步"的过程，也不会给"起号"带来帮助。

如果你的一条作品获得了大量的积极反馈，而且这些用户在再次刷到你的时候，有很大一部分依然看完了你的内容，给你点赞了，第三次、第四次还是这样。那么，算法会越来越确信，这些用户是你的铁杆粉丝。而和他们有类似特征的用户，自然也会被算法判定为你内容的潜在受众。

所以，当你有了一定的粉丝量之后，将你的内容第一时间推送给铁杆粉丝和类似特征的用户，相对于推荐给陌生人，自然是更合适的。这不仅会满足他们的内容观看需求，还能让算法获得更准确的内容质量反馈。而对于你来说，也获得了更有价值的流量。

在我看来，当一个账号实现了这样的"三赢"状态，就可以被定义为"起号成功"了。

那么，通过以上描述，你是否已经抓住了"起号成功"的关键？

划重点：假设你的某一条内容成为爆款，当看完你这条爆款内容的"陌生人"下次刷到你的时候（无论是刷到了还未发布的"下一条"，还是之前的作品），你需要尽可能让他瞬间想起来"这是我之前看完的、喜欢的博主发的作品"，让上一条的爆款内容发挥余热。所以，作品的开场最好有一些相同的元素，比如同样的场景、同样的音乐、同样的出镜（不需要同时满足）、同样的开场白。为了让他更大概率再次看完，再次给出积极的互动，你的定位和选题也要有稳定性和关联性。

第1条作品

关于你的"第1条作品",包括第1条作品的发布时机,我还有很多想和你说。你一定要先做充足的市场调研,对于数据不好和数据很好两种情况有所准备。

但基于这些年的经验,我知道现在和你说那些,你就算听进去了,当自己发布了第1条作品、看到了实际的数据,这些苦口婆心之言大概率会被你抛到九霄云外。

所以,我先给你一个具体的建议:把你的前10条作品"打包"成"第1条作品"。

很多人发布了第1条认真创作的作品后,会特别心急地把作品分享给某位老师、某位高手,问问对方"作品有什么问题""怎么没有流量"。

我也经常遇到这样的情况。

而我内心最想回复的,基本就是以下两句话中的某一句。

一句是：作品不怎么样，有流量才怪。

另一句是：作品挺好的，再发几条看看。

对如何避免第一种情况（不知道自己拍得不好），前面已经聊过了，核心就是"一定要做市场调研，一定要做充分准备"。而对第二种情况的发生，你也要有心理预期以及应对策略。

在算法积极参与流量分发的平台（抖音、小红书、快手、视频号、B站等），你的作品能获得多少流量是有随机性的。

你的粉丝越少，你的流量随机性越强。

如果你已经有了几万、十几万、几十万的铁杆粉丝，算法会优先把你的作品推送给更了解你的粉丝（而不是陌生人）。粉丝基于对你过去的了解，他们对你作品的行为反馈（比如，完播率、停留时长、互动数据等）比那些从来没看过你作品的人，有更准确的参考价值。

因此，对于成熟期的大号来说，作品的流量会更加真实地反映作品的受欢迎程度。

但如果你没有铁杆粉丝，哪怕算法通过你的作品文案、参与的话题、画面的元素、口播的关键词，了解了你的内容，并推荐给了平时对这些内容感兴趣的人，你依然很难做到"让最正确的那批人，看到你的作品"。毕竟，每个人的"口味"还是有区别的。

更何况，还有很多人会在刷到一个点赞很少的陌生作品后，瞬间划走。

请相信，如果你的作品足够优秀，平台上一定会有至少几万名用户愿意认真看完你的作品，给你点赞，关注你接下来的作品。但你也一定要清楚，这些人在你发布作品的时候可能并不在线，或者算法并没有把你的"第1条作品"曝光在这些人面前。

所以，许多优秀的作品、优秀的账号会被算法"雪藏"很久，甚至永久。

你的内容价值越小众，你的起号难度就越大。

如果你拍的内容"老少皆宜、男女皆可"（这类内容多是提供"情绪价值"的日常美好瞬间），那么这条内容就不太挑人（甚至你自己都不知道这条内容谁会喜欢），算法给你的初始流量哪怕没有具体的用户特征，你也有可能被大众喜欢，获得成为"爆款"的机会。

如果你拍的内容"只针对特定人群"（特定人群才会觉得有用的知识、资讯、观点），那你很难在"第1条作品"

发布时就获得比较好的流量。

毕竟，特定人群、特定时间点、特定需求、特定"口味"……想让看你内容的人同时满足这些条件，显然是一个小概率事件，哪怕你的作品质量很好。

所以在起号阶段，经常会出现"好内容错配"的情况。

这个时候，除了让内容更有话题性（降低"特定性"），提高画面和声音的质量（降低"2秒跳出率"），最重要的就是"持续稳定地更新"，把单次概率变成累加概率。

算法会通过你的稳定更新，不断加深对你的了解，测试和调整观看你内容的人群。当你的某一条优质内容遇到了"正确的人"，获得了理想的数据反馈，进入了更大的流量池，接下来你的内容就会优先推荐给这些"正确的人"，并且你过去的那些被雪藏的优质内容，也有可能获得再次曝光的机会，因为这些"正确的人"会浏览你过去的内容。

因此，哪怕你的作品真的很优秀，"第1条作品"就成为爆款的概率依然很低。

在完成了市场调研，保证内容质量的前提下，把前10条作品"打包"成第1条作品，先认真更新10条，基于这10条作品的数据变化，做下一步的计划。这既是一种策略，也是你的认知体现。

如果这10条作品都没有流量，那么经过内容上或心态上的调整或者迭代，你可以把接下来的10条作品，重新当作自己的第1条作品，直到出现第1条小爆款，也就是单条作品的播放量远高于平均播放量。

第2条作品

如果把"前10条作品"当作自己的"第1条作品",那我们的"第2条作品",究竟是"前10条作品当中的第2条",还是自己的第11条作品,或者是"第11条至第20条作品"的打包?

从实战的角度出发,我认为最合理的"第2条作品",是当你出了一条爆款之后的下一条作品。

如果你的第23条作品成为爆款,那么第24条作品就是你的"第2条作品"。如果你的第7条作品成为爆款,那么你的第8条作品就是你的"第2条作品"。

只有当你出了一条爆款,获得了数万条甚至数十万条、上百万条的数据反馈时,你才有了被算法了解,让账号流量走向稳定的机会。而能否抓住这样的机会,就要看你的"第2条作品"了。即,你要有意识地站在"喜欢你上一条爆款的用户"的角度,创作下一条作品,让他们再一次刷到你的时候，能快速被唤醒"上一次喜欢你"的记忆。

这个重要的认知，我在之前已经强调过好几次了。

"我上次喜欢的那个账号，又更新了！太好了！"

于是，他没有瞬间划走你的作品，而是带着上次的好印象以及期待感多看了你一会儿，甚至把你的作品再次看完了。

以上的用户行为，很可能来自创作者的刻意设计。

比如，选择类似甚至同样的开场，将上一条内容的"高光时刻"放在开场，选择同样的声音元素等。如果上一条内容自己出镜了，那么下一条作品也要开场就出镜。

通过这些设计，更容易让喜欢你上一条作品的人"瞬间想起你"，让你的数据实现"滚雪球"的效应。否则，哪怕你的内容价值是稳定的，目标用户是垂直的，但没有做到"开场就让大家瞬间想起你"，你就等于要重新做一个"小雪球"，这加大了再次获得好流量的难度。

当越来越多的用户第2次、第3次、第4次通过你相对固定的开场和稳定的内容价值，看完了你的内容，积极地进行了互动，算法对你的了解也会越来越深刻。从而你的每次推送，会在一开始就获得更大、更精准的流量池。

读到这里，如果你熟悉算法，可能会发现一个漏洞：第一次看完你某条作品的人，他们下一次刷到你，并不一定是刷到你的下一条，而有可能是你过去的作品，甚至是发布几条之后的作品。

这就需要你将"第2条作品"的要求，变成内容的运营技巧。你要明白"任何一条作品火了，大家刷到你的其他某条作品时，是否都能瞬间被唤醒记忆"。

于是，当你留意观察就会发现：绝大部分的成熟账号在起号阶段（包括现在），开场都有很强的统一性。不是说一定要把每次的开场做得一模一样，而是将某个或者某些元素直观地放在开场，用作"唤醒用户记忆"的工具。

所以，"第2条作品"可以是任何一条作品。

如果你的第23条作品成为爆款，那么第27条作品、第28条作品都可以是你的"第2条作品"。如果你的第7条作品成为爆款，那么你的第10条作品、第11条作品也可以是你的"第2条作品"。

这才是更厉害的、更本质的认知。

第3条作品

有许多账号一直停留在"第2条作品"的阶段,始终没有创作出自己的"第3条作品"。

比如有一个账号,定位是"上班带饭一个月不超过300元",持续输出了100多条"做饭视频",除了每天的食材不同,其他的元素几乎没有什么变化。

比如有一个账号,定位是"还原经典的二次元人物穿搭",持续输出了50多条"穿搭对比"的图文笔记,虽然每次还原的人物不同,但内容形式一直没有变化。

比如还有一个账号,文案里写着"100个家居收纳技巧",持续输出了100条家居收纳视频,第101条视频依然是家居收纳技巧,变成了"1000个家居收纳技巧"。

这些账号都决心"只做好一件事"。它们的每一条作品,都可以成为之前提到过的"第2条作品"。因此,它们流量很稳定，变现能力很可能也不错。

那么，什么是"第3条作品"？

对于那个"上班带饭一个月不超过300元"的账号来说，突然有一天，创作者没有选择上班带饭，而是选择"点最便宜的外卖"，或者"告诉大家自己做这个账号赚了多少钱"，再或者"记录从起床到出门上班这个时间段的故事"。

对于那个"还原经典的二次元人物穿搭"的账号来说，可以是"开始还原影视剧里的经典穿搭""明星穿搭的平价代替怎么选""我自己的日常穿搭展示"。

而那个"100个家居收纳技巧"账号的"第3条作品"，可以是"单身女孩的独居vlog""宜家探店[⊖]""我要用100天花1万元改造我的家"。

"第3条作品"是给到已有粉丝"情理之中、预期之外"的作品，是有可能打破"流量稳定性和粉丝瓶颈"的作品，是创作者"突破自我，走出舒适区"的作品。

⊖ 探，可以理解为探索。店，理所当然就是店铺了。探店，顾名思义就是带着"探索"的目的，拜访并介绍一家店铺。探店现在是抖音、小红书等内容创作平台上比较受欢迎的内容类型。

但与此同时，"第3条作品"也是最难创作的一条作品，具有一定风险性的作品。

我们要区别"第3条作品"和"随便创作一条完全不同的作品"。把抖音、小红书、视频号等平台当成自己的日常朋友圈，哪怕你发了几十条、上百条作品，从起号的角度看，其中不仅没有第3条作品，甚至连"第1条作品"和"第2条作品"也没有。

"第3条作品"是在"第2条作品"基础之上的创作。即，你已经获得了一定的流量、一定的粉丝量，账号已经进入了运营的稳定期，粉丝也对你有了相对统一的认知，甚至账号已经实现了变现。

这个时候，你是否要做一些新的尝试？做得不好、时机不对，从账号发展的角度来看，可能真的不如不做。

因此，关于创作自己的"第3条作品"，我给你以下几点建议。

第一，通过足够多的"有一定人格化的第2条作品"，与粉丝的积极互动，让用户从"喜欢内容"到"既喜欢内容还喜欢你"。喜欢你的人越多，"第3条作品"的成功率就越高。

第二，一定要秉承"情理之中、预期之外"，给用户惊喜，而不是给用户"惊吓"或者让用户"一脸茫然"。你要保持自己的核心价值、核心元素，在策划和选题上做突破。

第三，如果你明明知道时机不成熟，却按捺不住创作的欲望，就用一个新的账号完成你的"第3条作品"，让它在新的账号里成为"第1条作品"。

第四，单纯从变现的角度看，我们并不一定要创作"第3条作品"。"永远在第2条作品"里变现，是一种非常理性的选择。

第五，但是，如果你希望成为用户心中不可被替代的超级IP、商业价值顶尖的博主，就一定要有自己的"第3条作品""第4条作品""第5条作品"。

更新的频率

在起号阶段，是否需要"日更"？

在前文中，我有提醒过你：如果你辛辛苦苦做了个"周更号""月更号"，发布了三五条作品，一两个月也就过去了。假设你没有收到数据层面的正反馈（比如，没有"点赞99+"的作品出现），你很容易会因为"感觉自己浪费了太长时间"而放弃做号。

现在，我们来具体讲讲"更新的频率"。

在保证内容质量的基础之上，更新频率是不是越高越好？

如果你做的是"影视解说号""好物推荐号"，或者是"教大家做早餐""教大家运动瘦身"这一类的内容，能做到"日更"（甚至"一日多更"），当然更有利于起号。

因为对于这一类的内容，其价值来自每次推送的电影、早餐、好物、运动教程。大家对内容的"期待值"是稳定的，不容易因为更新过频而产生厌倦感。

那么，在保证内容质量的前提下，更新的越多，账号的总流量和流量的总价值就会越高。

但是，如果你拍的是精美的vlog、搞笑的剧情、深度的观点、硬核的干货，哪怕可以做到"日更"，我也不建议你高频更新。尤其是在有了一定的粉丝量后，更要学会"控制节奏"。

因为用户对这些内容的"期待"，往往含有"新鲜"的属性。过于高频的更新，用户很容易失去新鲜感，在短期内"磨灭粉丝对你的期待"。控制节奏，一周更新两三条，甚至每周只更新一条精品内容，让用户保持对你的新鲜感，反而会让你获得更高的"总流量"和"流量总价值"。

除了考虑流量和流量的价值，你还要考虑"创作的成本"和"创作的收益"。

一方面，如果每一条作品的创作成本（比如，时间成本、素材成本、脑力体力的消耗）很低，那么你自然拥有选择创作频率的主动权。但如果创作成本非常高，并且自己的综合预算有限，那就更适合降低作品的发布频率，将省下来的一小部分预算用在作品的流量投放上（比如，抖音的DOU+⊖）。

另一方面，如果更多的创作可以获得更多的收入（比如，更多的广告、更多的销量），我们就需要更深入地考虑"变现的效率"了。

在单一账号上投入更高的成本，虽然获得了更多的收入，但变现的效率在降低。比如，之前投入100元，可以获得300元；在账号达到一定的规模后，投入100元只能获得150元。那你可以考虑把这个投入放到一个新的账号里，搭建矩阵，获得更高的变现效率。

当然，如果你有足够多的精力或者可以通过招募小伙伴的方式，持续实现正向的收益，也可以在一个账号上保持比较高的创作频率，获得更多的总收益。

总之，是否需要日更，更新频率究竟该是多少，需要具体问题具体分析。但核心的原则一定要基于账号的长期价值、综合收益、综合成本，分阶段进行考量。

⊖ DOU+是抖音内容加热和营销推广产品，可以通过付费获得更多的流量。

内容的成本

如果你计划长期运营一个账号，就必须对"内容的成本"有一个合理的规划。

举一个例子：你计划做一个"情感号"，分享你对感情的领悟和你的观点。你觉得做这样的账号非常简单，因为自己有好几段情感经历，有很多想分享的内容。

果不其然，你一天就录了五条内容，第1个月轻松地做到了"日更"，但到了第2个月，你"皱眉"的次数越来越多了。你发现自己最想倾诉的那些，都已经倾诉出去了。虽然你还能保持日更，但你的创作意愿越来越低，越来越不想拍了。

你说，这算不算是一种内容成本的递增？

再举一个例子：在起号阶段，你费尽心思设计开场，打磨内容，回复评论区的留言互动，当你的铁杆粉丝越来越多、流量越来越稳定时，你反而发现，只要自己保持真诚，一些日常的内容就会有很好的流量，甚至会因为内容有了新鲜感，反而获得了更好的流量。于是，你学会了从日常生活、日常经历当中，找到选题和素材，每周都能多更新一两条内容。

你说，这算不算是一种内容成本的递减？

所以我们一定不能以"单条内容"判断创作成本，而要预判成本的变化，提前做出合理的规划。

比如，提前规划新的内容系列，更重视与粉丝互动，将没有时效性的优质选题"周期性迭代""周期性发布"。

除了预判"成本的变化"，我们还要理解"成本的构成"。这包括什么是"固定的、一次性的投入"，什么是"每条内容单独产生的成本"。

如果你在室内拍摄，那么搭建场景用到的一些装饰物、光线不好时需要买的补光灯，或者装饰用的可变色的补光棒、落日灯，甚至包括添置的家具，这些都属于"一次性的投入"。

虽然这些费用通常比较高，但好在可以让你长期获益，还可以通过二手转卖降低成本。拍摄用到的设备，比如收音麦克风、有可能用到的稳定器、有可能需要的相机，当然也属于这一类型。

对这些一次性的投入，我更建议大家在做决策时"略微激进一些"，尤其是对于计划长期做自媒体的创作者，更长的时间和更多的作品数量会不断摊薄你的固定成本。

而作品的质感更好，除了有利于提高账号的价值，也会让你更喜欢创作。让自己的作品先入自己的眼，也是在降低内容的成本。

而对"每条内容单独产生的成本"，则需要慎重投入。

花费5000元改造了厨房环境，每条美食视频食材投入40元，做精美的日常便当，半年发布了100条作品，总投入是9000元。

如果没有改造厨房，每条美食视频的食材平均投入为200元（做一桌豪华晚餐），半年发布了100条作品，总投入是20 000元。

从最终的结果来看，前者不仅成本更低，得到结果（更好的流量、更多的变现）的概率也更高，而且还更容易坚持下去。

总之，一定要对内容的成本做到心中有数。这不仅包括单条内容的成本，还包括成本的变化、成本的构成。

这对于持续创作优质内容来说，至关重要。

第30条内容

在讲"爆款技巧"之前，我们一定要理解两个重要的概念：试错和止损。

大胆试错，果断止损。

如果你想开一家饭店，加盟一个品牌，当然要慎重。

因为"试错成本"太高了。

哪怕你有三成的把握做一家挺赚钱的餐厅，哪怕你有五成的把握做到保持盈亏平衡，虽然亏损的可能性只有20%，我猜你也会犹豫不决。

虽然亏损是小概率的事件，但发生亏损之后的损失，却可能让你负债累累，改变人生的轨迹。更何况，万一你预估错误，亏损才是大概率的事件呢？很多人选择加盟一个品牌，也是看中了（或者听信了）对方承诺的"大概率不会亏钱""回报稳定"，而不是能赚多少钱。

你热爱美食、擅长做饭，想做一位美食博主，或者你喜欢购物、擅长精挑细选，想做一位好物推荐博主，哪怕只有一成的把握，你都可以大胆尝试。

做成功了，你有足够高的收益上限。从利润上看，你甚至会比开一家餐厅还赚钱。做失败了，通过一段时间的实践，确定了自己不适合做美食博主，也不会有太大的损失。那这件事当然值得你勇敢地尝试。

很多事情，不尝试，就永远不会知道它是否适合自己。

做自媒体，你错了五次，你也有机会继续第六次的尝试，在第六次取得成功。但是其他一些项目、生意，你试错的机会要少很多。

我当然不是说其他生意不好、不值得做，而是你需要更谨慎。更谨慎可以降低你犯错误的概率，但同时你也有可能错过一些机会。

不过你也要清楚，哪怕自媒体的试错成本低，也是有试错成本的。并且，连续失败所带来的挫败感，也是一种成本。

因此，你要尽可能保证作品达到"80分"，而不是明明知道质量不行，还开始"低效率的努力"，那样的试错是没有价值的。

而如果通过一段时间的努力和实践，比如，输出了几十条作品，或者努力了两三个月，你发现自己在所选择的领域上没有优势或者没有天赋，并且你还有其他想尝试的领域，那么"果断止损"很可能是最好的选择。

哪怕你没有想尝试的领域，这个时候我也建议你先停下来。

你可以用一段时间继续做市场调研和刻意练习，看看能否在形式上、创意上、选题上做出突破。请相信，有不少你看到的十分优秀的博主，包括你现在很喜欢的博主，他们在刚开始做自媒体的时候，也不是现在的账号定位。

大胆试错、果断止损，是在自媒体领域取得成功的重要认知。

第1条爆款

你尽量不要问"如何创作出一条爆款",而是要学会问"如何提高创作出一条爆款的概率"。

因为在抖音、小红书这样的算法平台,作品能否获得更多的流量,成为播放量几百万、上千万的爆款,是有"运气成分"的。

而且,粉丝量越少,运气成分越大。

如果你没有粉丝,作品就只会推送给"陌生人"(忽略极少数的"可能认识的人")。哪怕算法获取了你的内容信息(比如,文案、参与的话题、画面信息等),依然很难把这条内容推荐给"恰好喜欢它、需要它"的人。

如果看内容的人"错了",作品自然不会获得很好的数据反馈(比如,抖音的完播率、平均播放时长、互动情况,小红书的封面点击率、点赞、收藏),算法也不会继续给你流量。一条优质的内容，有可能因此获得不匹配其质量的流量。

所以，如何更大概率地做出第一条爆款？

让更多的人成为"对的人"，增加内容的普适性

要增加内容的普适性，这不仅涉及小红书的封面图、抖音的开场前2秒（第一眼），还涉及整个内容的话题度。

那些教女孩子如何"瘦手臂"的运动视频，会比教女孩子如何"锻炼腰腹核心力量"的运动视频更容易获得流量，因为更多的人是"对的人"。而"这些女明星的腰腹力量是怎么练出来的"，则是通过增加内容的"话题度"，让一些人因为"这些女明星"的话题，更愿意点进去，更愿意看下去，更愿意收藏，进而增加成为爆款的概率。

你不要沉浸于小技巧，而是多问自己：如果作品给了不太精准的人，如何让不太精准的人也愿意看，并且不影响"对的人"的浏览？

通过少量投放，告诉算法谁是"对的人"

创作者可以在大部分的内容创作平台（比如，抖音、小红

书、快手、视频号），找到相应的入口，直接购买流量。

但请你一定要明白：除非你已经有了比较成熟的变现模式，可以大概计算出投入产出比（ROI），你才可以大量稳定地花钱"购买流量"。而对于想更快做出爆款、顺利起号的创作者来说，花钱的目的不是"购买流量"，而是"购买裁判"。即，我们要告诉算法，谁才是适合看我们内容的人，谁才是适合给我们作品"打分"的人。付费的时候，你可以选择具体的人群特征，比如年龄、性别、地域、兴趣爱好、某些大号的粉丝，让算法获得更多的来自"对的人"的数据反馈。

假设你通过100元的付费，"购买了"几千次的播放量（相当于几千位裁判员）。当这些"对的人"给了算法足够好的数据反馈，算法基于这些反馈，有可能给你十倍、百倍，甚至千倍流量的回报。但如果作品本身不够优秀，你就等于花钱告诉算法，自己的内容不行，自然不会获得"额外的流量"。

所以，内容付费加热只是"锦上添花"，而非"雪中送炭"。

付费之前，你一定要对作品的质量有大概的判断。

理解"累积概率"，用数量让运气变得不重要

当你的内容足够优秀时，哪怕这次运气不够好，算法并没有把你的作品推送给"对的人"，但如果你能保证每一条内容都有比较高的质量，"次次运气不好"的概率就会越来越低。而且，算法会通过你的持续输出，不断加强对你的了解。

只要你有一次"运气好"，作品成为爆款了，算法对你有了更充分的了解，你接下来的内容就会越来越多地出现在"对的人"面前。

所以，你可以在稳定输出了几十条优秀的内容后（比如30条内容），选择其中数据最好的内容，进行少量的付费投放。

这会比你一上来就"花钱买裁判"，有更高的成功概率（数据已经验证了这条内容更有潜力），有更好的投放效果（如果成为爆款，有可能带动其他几条内容也成为爆款）。

第2条 爆款

你会如何定义"爆款"？

如果作品的平均播放量是500次，你出了一条播放量为5万次的作品，你可能就会觉得这是一条爆款。但如果你的平均播放量是20万次，可能一条播放量为200万次的作品对于你来说，才算是爆款。

所以，我个人喜欢将"10倍于平均播放量"的作品，定义为爆款。即，爆款是一个相对数据，而不是绝对数据。

毕竟，对有些细分赛道（针对特定人群）的内容，播放量的上限本身就会受到限制。一味追求绝对的高播放量，让流量失去了精准性，让内容失去了价值感，其实并不合理。

所以，如果你的平均播放量是20万次，当你出了一条播放量为200万次的作品，你还需要判断多出的180万次播放量是否精准，算法是否让你"出圈"了。

在更多人的眼里，"出圈"对于创作内容来说，是一个褒义词。

但我并不太喜欢"出圈"这个词。

出圈，意味着很多不了解你的人第一次看到了你。只有当他们是你的目标人群的时候，出圈才是有价值的。这个时候，你只是出了自己的小圈子。

但如果你因为借助了某个热点，让很多不是你的目标用户的人也看到了你的内容，你必须提醒自己，不要被这些流量裹挟，影响你未来的创作方向。因为，不精准人群对下一条内容的预期，与你账号的价值定位，大概率是不匹配的。

只留住"出圈所带来的流量中的精准部分"，提高未来每条内容播放量的"下限"，而不是继续追求更高的"上限"，才是做爆款的意义。

不断追求更高的"上限"，不好吗？

这就涉及"持续输出爆款"的关键：预期。

当你做到了100分，如果还想做出爆款，就需要做到120分时，哪怕是99分的作品，也会被一些粉丝说成"江郎才尽""越来越没意思了"。

但如果单独拿出那一条99分的作品看，其实这条作品已经足够优秀了。

所以，追求内容的精益求精没有错，但一定要理解预期、控制预期，通过价值相对稳定的内容，尽可能让大家对你的期待从"下一条一定要更好"变成"下一条也会对我有价值""下一条也会这样的用心"。

当然，选择"通过不断制造惊喜、突破自我，持续满足大家不断上涨的预期"并没有错。但我希望你提前意识到，选择这个路线，你的创作成本会越来越高，你的创作周期也容易变得越来越长，你很可能需要团队的支持、时间的保证。

所以，你不需要刻意追求第2条爆款。

你可以通过持续输出优秀的作品，不断提高播放量的"下限"，不断提高播放量的稳定性，不断提高账号的整体价值。

1000位粉丝

有了1000位粉丝，不一定等于起号成功了。

如果这些粉丝来自"非正常渠道"或者关注动机不正常（不是因为对内容感兴趣，而是因为某些短期利益），他们不仅不会给账号带来实际价值，还有可能受到平台的惩罚（粉丝被清空、账号被封禁）。

但如果是另外的一个极端呢？

假设，你有1000位铁杆粉丝。

畅销书《失控：全人类的最终命运和结局》的作者、未来学家凯文·凯利提出过一个著名的理论：1000位铁杆粉丝理论。

"任何从事创作或艺术工作的人，比如艺术家、音乐家、摄影师、工匠、演员、动画师、设计师或作者等，只要能获得1000位铁杆粉丝，就能维持生活。"

作为自媒体创作者的我们，自然也可以套用这个理论。

那么，铁杆粉丝如何帮助我们维持生活？

凯文·凯利是这样关联"铁杆粉丝"和"维持生活"的：铁杆粉丝愿意每年支付100美元，购买你创作的产品（比如，画作、唱片、工艺品、课程等），1000位铁杆粉丝一年就会为你带来10万美元的收入，自然可以帮助你"维持生活"。

那么，如果我们也有自己的产品（比如，付费课程、付费社群、付费服务、定制化商品），假设每一位铁杆粉丝愿意每年支付365元（每天1元钱）购买它，一年36.5万元的收入也足够我们维持生活了，甚至可以生活得不错。

通过"1000位铁杆粉丝理论"，希望你可以明白：你与粉丝的关系，甚至比粉丝的绝对数量更重要。不要一味地追求涨粉量，同时要重视与粉丝的互动，重视为粉丝提供的价值，重视"已经关注你的粉丝"的感受。

我们当然希望有更多的路人粉[⊖]。毕竟，铁杆粉丝也要建立在普通粉丝的基础之上。但只有理解了与粉丝关系的价值，"涨粉"的行为才会更加合理。

⊖ 路人粉，网络流行词，一种粉丝类型，指对偶像仅仅有好感，停留在偶尔关注一下。

那么接下来，我们再聊一聊如何获得更基础的"路人粉"。也就是说，用户为什么会关注你，如何提高一条内容的用户关注率？

在前面的内容里，我其实已经给过大家答案了。

用户关注的动机是为了验证自己此时此刻的判断。

你的小红书标题或抖音文案写了"上班带饭一个月不超过300元｜121顿葱烧豆腐"，用户如果对你当前的内容感兴趣，账号的关注率就一定不会低，因为用户会对你的未来内容有明确的判断（还会是上班带饭），并且会期待验证（下次带什么）。

你的小红书标题或抖音文案写了"36岁单身独居｜一个人住，下班后真的很快乐！"，用户如果对你当前的内容感兴趣（精美的独居vlog），同样的道理，关注率自然也不会低。

那么，你的小红书标题或抖音文案只写了"哈哈哈哈哈哈哈哈哈哈"，内容拍的是和自己男朋友的搞笑片段，哪怕点赞数很多，会涨很多粉丝量吗？

假设你的账号名叫"张桃桃和李毛毛"（我随手编的），视频里喊到了男朋友的名字（李毛毛），视频内容足够精彩，关注率也不会低。因为大家看到了你的账号名，同样会产生对未来内容相对明确的判断。而如果你的账号名是"爱吃香菜",关注率就会变得低一些。

所以,想提高内容的关注率,你一定要想方设法地帮助用户做判断。

这个"想方设法",包括文案、账号名、留言区、内容的专业感等各种内容元素。如果你通过这些元素,让用户对你的未来发布什么内容有了更加明确的期待,你的关注率就会更高。

第365条作品

如果创作成本的变化是有趋势的，当成本随着作品数量的增加而越来越高（经济学里的"边际成本递增"），可想而知，不会有多少人能坚持输出"365条作品"。

那么，如何使创作的边际成本递减，或者至少保证创作成本稳定呢？

假设一个场景——

你的第17条作品成为爆款了，获得了170万次的播放量、2万人的点赞数，增长了5000名粉丝。3个月后，如果你重新拍了一条类似的作品（类似的选题、类似的脚本、类似的风格、类似的文案），你觉得还有可能再一次成为爆款吗？

如果你留意观察，我相信你的答案是：可能，而且概率还不小。

再假设一个场景——

> 你做了一个"上班带饭"的美食号。在发了
> 30条作品后，你围绕这30条作品，尝试衍生
> "系列作品"，一口气总结出了10个系列，
> 包括"上班带饭省钱系列""上班带饭奢侈系
> 列""上班带饭少女心系列""上班带饭纯素系
> 列""上班带饭肉肉系列""上班带饭糊弄系
> 列""上班带饭网红餐系列""上班带饭地方特
> 色系列""上班带饭日料系列""上班带饭西餐
> 系列"。

你觉得，是在这10个系列里各策划10个选题，一共100条
内容，总体的思考成本更低，还是发散思维直接想100个
选题，思考成本更低？

同样地，如果你留心观察，你不仅会回答"前者"，还会
发现平台已经给你设计了相应的功能，比如"专辑"或者
"合集"。

最后一个场景——

> 你平均每天有两个小时在刷抖音、看小红书。
> 你会以自己的喜好，划走数百条作品，看完几

十条作品，点赞收藏十几条作品，新关注两三个账号。

如果你在刷这些短视频的时候，多给自己一个任务：必须在这两个小时里，从这些作品当中，找到至少两条自己可以"举一反三""做得更好""做得不同""借势发挥"的作品，放到一个收藏夹里，会有怎样的效果？

一开始可能会很痛苦。毕竟，平时你刷短视频的目的，大概率是为了娱乐。但逼迫自己一阵子后，你发现这件事不再是任务了，而是自然而然的习惯，甚至平时在生活里看到的一些小事、脑子里突然蹦出的一个想法，你也会马上记录下来，变成选题的点子。

你开始"以自媒体人的眼睛看万事万物，以自媒体人的心态过每分每秒"。

以上三个场景，对应了三个经典的"降低持续创作的成本"的方法。

我希望可以给你一些启发和帮助。

10万名粉丝

在我的抖音号有了10万名左右的粉丝时，依然有陌生人在留言区留言：你才10万名粉丝，就别在这里丢人现眼了，等到有100万名粉丝再出来讲课吧！

我知道有很多人理解"粉丝量的多少"并不直接代表内容的价值、博主的水平，粉丝量的上限由账号的定位决定，以及粉丝量不是静态的，而会随着优质作品的稳定发布、账号的精心运营，在一定范围内不断增长。

但我依然愿意回复这样具有"攻击性"的留言。不是为了留言的陌生人，而是为了能看到这条回复的粉丝。

我也许会这样回复：我很珍惜有整整10万人关注了我。毕竟，有1000个人在现实中愿意听我分享，我已经很满足了。

所以，当你有了"10万名粉丝"，这意味着什么？

如果你有好几个微信号、许多个微信群，你可以通过私聊、朋友圈、微信群，稳定地让自己的内容出现在这10万人面前，甚至可以主动连接这10万人，这样的10万名粉丝才是"实打实"的。也就是说，当粉丝量和"流量"直接挂钩，才可以发挥更大的价值。"私域流量"（比如微信好友、微信群）往往是许多商家以及创作者更关心的流量，也是出于这个原因。

但如果这10万名粉丝来自"公域"，内容的流量主要来自算法的推荐，粉丝量和流量的关系就会变弱很多。

粉丝多，不一定流量好。

粉丝少，不一定流量差。

算法平台并不会让你的每一位粉丝都刷到你的内容，而是会根据第一批刷到你内容的粉丝，通过他们的数据反馈，决定是否让更多的粉丝看到你的内容。

如果内容质量好（更准确地说是作品的数据反馈好），就会有更多的粉丝看到你的内容。但如果第一批刷到你的内容的粉丝并不买账，那算法也没必要把你的内容推荐给更多的粉丝了。粉丝都不喜欢你，那就更没必要把内容推荐给更多的陌生人了。

以上的推荐逻辑，利弊都很明显。

对于算法来说：粉丝对内容质量的判断，其准确性和参考价值确实高于来自算法推荐的陌生用户。

但对于创作者来说，他们很容易被"粉丝的预期"裹挟。

当创作者想进行一些创新的时候，算法依然会把内容优先分发给他的粉丝。如果粉丝不买账，这条内容的流量就不会好。

所以，我曾经对一条内容有过这样的评价——

如果这个账号只有1000名粉丝，这条内容也许会火。
但很遗憾，这个账号已经有10万名粉丝了。

也就是说，当你有了10万名粉丝的时候，你的每一条内容，都要优先考虑这10万名粉丝的感受。

粉丝越多，内容越要优先考虑粉丝的感受。

粉丝越少，内容越要优先考虑陌生人的感受。

在满足粉丝预期的基础上，或者在自己有把握给粉丝足够惊喜的情况下，再去尝试内容的创新、定位的升级，这才是更合理的运营策略。

所以接下来，我们要好好聊聊"运营"这件事了。

PART

4

运营篇

运营的目的

关于"运营",有一个非常经典的观点:产品是"1",而运营决定了"1"的后面可以有多少个"0"。

对于自媒体创作者来说,这个逻辑同样适用。

内容是"1",运营决定了"1"的后面可以有多少个"0"。

运营的目的是让内容可以转化出更多的价值。这包括"获得更多的流量""让内容流量的稳定性更强""带来更多的粉丝量""取得粉丝的信任和喜欢""实现更多的账号变现""提升整体的投入产出比"。

内容创作本身也可以是账号运营的一部分。但账号的运营,不仅包括内容创作、文案技巧,还包括功能的应用、内容的整体规划、日常与用户的互动,更可以包括多平台账号矩阵的搭建、变现流程的优化。

比如，你想做一个"不吃外卖，记录每周备菜过程"的生活方式博主，于是创作了一条"90秒沉浸式备菜"的内容。那么，如何通过运营的技巧，让这条内容转化出更多的价值呢？

如果是小红书，你可以在封面图上标注"一周备菜01"，或者在标题上写"每周备菜｜挑战全年不点外卖 第1周"，用户就会直观看到，如果用户喜欢当前的这条内容，那么这个账号就值得关注。因为有了"1"，极大概率就会有"2"和"3"。

如果是抖音，你可以在开场就轻声说出"沉浸式备菜"五个字，然后通过左下角的文案，告诉用户这件事你计划做一年，进而增加内容的关注率、主页的访问率。

你当然也可以将这条内容做"多平台布局"，同时发布在抖音、小红书、快手、视频号、B站等平台，多付出一些运营成本，获得超额的流量回报和商业价值。

你还可以在留言区置顶一条留言，补充备菜的一些注意事项，并且问问用户：下个月，你们想让我吃什么，你们点菜我来准备。

以上这些，都可以被归为"运营"的范畴。

因为，它们都可以让内容转化出更多的价值。

在这一篇中，我会通过"微观、中观、宏观"的逻辑、"内容、用户、活动"的逻辑，加上从矩阵、团队、时间、效率、生活的角度，将运营的相关技巧和背后的逻辑，尽可能详细地分享给你。

另外，由于运营的最终目的是相同的，所以在不同的逻辑和角度下，难免会有类似的操作技巧。希望这些很难避免的"重复"，可以让你对运营有更深刻的理解。

微观的运营

创作，是对当前的内容价值负责。

运营，是对长期的账号价值负责。

关于运营，是最容易理解、最容易落地的，也是最快能看到效果的，这就是"微观的运营"，是关于账号功能的应用。

"留言"功能

如果只对当前的内容价值负责，我们只需要选择性地回复大家的留言，或者通过留言来做一些内容的补充就行。其中优秀的创作者，也许会提前准备好留言，甚至会提前招呼某些朋友在第一时间留言。

如果你有了对账号的长期价值负责的意识，你就可以通过留言，预告近期的活动，预告下一条内容的精彩片断，或引导大家看你之前的某一条内容，进而提高账号的关注率，增加整体的流量。你还可以通过某一条留言，向粉丝或者未关注你的用户展示你的性格以及账号的其他价值。

"账号名"功能

当你有了"微观运营"的意识，你可以利用"账号名"这个曝光频率非常高的元素，完成临时性的事件预告、状态展示。

你在用户名的后面加一个括号，里面写着"4月23日 招生截止""5月人在北京""挑战100天瘦20斤""收徒中""旅行版"，并灵活地进行调整。

"简介"功能

它不再只是身份的简介、内容的简介，也可以是"直播安排"的简介、橱窗商品的简介。

"作品描述"功能

无论是抖音的"作品描述"还是小红书的"标题""正文"，当你使用了类似"再一次""接上一条""终于还是""如果这次……下一次我会……"的描述，你其实就已经有了运营的思维和意识。

"合集"功能

你可以使用抖音的合集功能（具体如何使用，可以在抖音上搜索一下），让用户通过合集里的任何一条自己喜欢的内容，方便地跳转到同类型的其他内容里，增加整体的流量。

"直播预约"功能

使用抖音、快手、视频号、小红书的"直播预约"功能，让预约的粉丝在你开播时，第一时间收到消息提醒，增加直播间的有效在线人数。

"送礼排序"功能

如果你的直播间没有人打赏，或者用户打赏的金额较少，你可以安排几个"小号"，将头像设计成文字，比如"520""超级""大促"，通过这几个小号的打赏，让直播间多一个"活动提醒区"。

总之，微观运营的核心就是让每一个元素、每一个功能都对账号的定位负责，对账号的核心目标负责，对账号的长期价值负责。

微观的运营，就是在每一个元素和功能上，有意识地"瞻前顾后""左顾右盼"。

中观的运营

你的定位明确，你的价值稳定，你的下一条内容会更精彩，这些都是只有你自己才知道的。

而让用户"不需要进入你的主页浏览""没有看你下一条内容是什么"，只通过当前的内容，就能知道"你的定位明确""你的价值稳定""你的下一条内容会更精彩"，以此提高账号的关注率，增加流量的稳定性，让每条内容都能为下一条内容以及过去的内容带去更多流量，这就是运营要做的事情了。

中观的运营，是内容上的"瞻前顾后""左顾右盼"。

中观的运营，就是"还原内容之间的关联"。

通过"数字"解释内容之间的逻辑性

大家会常识性地认为"1的后面是2"。那么如果这条内容写了大大的"1/3"，用户就默认后面还有"2/3""3/3"。如果标题是"独居治愈系vlog 01"，那喜欢这一条的人，就会期待"独居治愈系vlog 02"。

如果你用了"早餐365天不重样"的开头，用户自然也就知道了你接下来的长期计划。

通过"宣言"明示下一条内容是什么

当你在视频结尾喊出"这条内容点赞量如果又能破10万，我就买6000元的刮刮乐，帮你们测试一下，能回本多少！"当你在视频中间喊出"你们还想让我探哪家店，留言区留言！"当你在视频一开始就喊出"挑战365天只吃麦当劳，第23天！"这样的文案，都可以直接还原甚至创造内容之间的关联，实现更好的互动数据和整体流量。

通过"画面"暗示接下来一定不会差

对于"帮助粉丝预判你的下一条内容"这件事来说，有一个方法，这个方法有点像"房间里的大象"，它明明就在那儿，明明很显眼、很重要，但太多人选择了忽略，那就是"提高画面的专业感"。如果你的画面非常有质感，包括场景、道具、出镜时的妆容、状态、拍摄时的技巧等，让第一次看到你视频的人，直观地感受到"这条内容一定是花了不少心思和努力才拍出来的"，大家自然容易默认"下一条内容依然会同样的精彩"，甚至会默认"下一条内容也会是类似的主题"。

以上三种方法，当然不是中观运营的所有技巧，但都非常具有代表性。只要你理解了中观运营的重要性，带着以上这些技巧多观察、多总结，一定可以设计出适合自己的方案。

宏观的运营

微观运营"元素"，中观运营"时间"，宏观运营"空间"。

你也可以用"点、线、面"的逻辑，理解三者的关系。

搭建账号矩阵，就是一种典型的宏观运营。

你可以在不同平台，同时运营好几个账号。你也可以在一个平台，运营多个账号。

但"矩阵"这个词的价值，并不在此。只有当你通过账号与账号之间的某些关联，实现了相比于单独运营两个（或者多个）毫无关联的账号，在运营成本上做到了"1+1 < 2"，在整体收益上做到"1+1 > 2"，矩阵的搭建才有意义。

一种最典型的矩阵策略就是在不同平台注册相同名字的账号，将内容同步上传到这些平台进行发布。

你会发现大部分的头部账号都在通过这样的方法，让优质的内容同时获得不同平台的流量，最大化个人品牌的价值。而作为初出茅庐的创作者，我们可以将大号的商业策略变成"广撒网""分散化投资"的策略。毕竟在一开始，也许你自己都不确定你的内容更适合抖音、快手、视频号，还是小红书、B站。

另一种经典的矩阵策略是"做一个生活化的小号"。

当你的"大号"有了很多铁杆粉丝（假设你有数百万的总粉丝量、10万名以上的铁杆粉丝），但受限于大号的定位，你很难通过在大号上创作的内容，满足铁杆粉丝对你的更多期待。那么这个时候，再做一个"记录生活里更真实的自己""和了解且关心自己的粉丝互动"的账号，不仅可以更好地维系与铁杆粉丝的关系，也可以满足创作者的一些被压抑的创作需求，补充情绪价值。

最后一个典型的矩阵策略，则是"多做几个同类型的账号"。

对于"个人IP"来说，一个大号的价值往往高于10个小号。但对一些"好物推荐"类的带货号，在不考虑直播的情况之下，如果时间和精力允许或者是团队运营的，则可以考虑同时运营多个带货账号，通过共享场景、共享设备、共享经验，从"降低成本"的层面，实现矩阵的价值。

定位的重大调整，也属于宏观的运营。

这里既包括内容上的调整，也包括变现模式上的调整。

比如，从"搞笑博主"经过"美妆搞笑博主"的过渡，最终转型为"美妆博主"。比如，从"图文形式"转型到"短视频形式"，从只做"短视频"到尝试做"直播"，从"接广告变现"到"直播带货"，从依靠"平台奖励、甲方广告"到"设计自己的产品和服务"主动变现。这些都属于宏观的运营。

当然，无论是微博、公众号，还是抖音、快手、小红书、B站，当你有一天成为某个平台的超级头部，拥有稳定且强大的变现资源，你就可以基于流量和影响力的优势，围绕"变现资源"，以机构的形式进行大量的账号孵化。

最后，我想通过梁宁老师的《产品思维30讲》中的一段话，结束这一组以"微观、中观、宏观"为逻辑的运营知识讲解。

"练好中观套路，在大公司做到中层没问题。要想自己为结果负责，开门立户创业，必须有长在自己身上的微观体感。没有微观体感，靠套路判断，就是自欺欺人。但打大仗，做顶级高手，其实宏观能力也要强。"

想最大化地实现运营的价值，也是如此。

宏观、中观、微观，缺一不可。

内容的运营

如果你去面试新媒体运营这个岗位，很可能会被问：运营包括哪些工作？而最常见的回答就是：内容运营、用户运营、活动运营。

那如果面试官继续问：你能具体解释一下吗？

我的答案是——

内容运营，就是内容创作的"降本增效"。
用户运营，就是用户关系的"感情管理"。
活动运营，就是活动效果的"目标统筹"。

达到了同样的创作效果，但内容创作更轻松了，这就是内容运营的目标，即降低成本。付出了同样的努力，获得了更好的内容效果，这也是内容运营的目标，即增加效益。

以下内容是一些具体的"降本增效"的技巧，希望能给你一些启发和帮助。

提前做好"中期""长期"的内容创作计划

在创作时间、发布时间、直播时间上，以"月"为单位做计划，以"季"为单位做总结，以"年"为单位做目标。不要做短期计划，更不要不做计划。

一些非常合理的定位、十分优质的内容，在算法平台的"不确定性"之下，也有可能会"延迟发光"。把运营一个账号，看作操盘一个项目，甚至是经营一家企业。做月度计划、季度复盘、年度目标，不仅有更大概率拿到结果，也会通过计划提高创作效率，降低创作成本。

学会搭建"选题库"，学会积累"素材源"

搭建一个选题库，可以大幅度提高我们的创作效率。但很多人对选题库的理解，只是新建一个线上文档，把想到的选题第一时间放进去。

把选题库看作"选题的仓库"，你需要先对这个仓库进行规划，安排好不同的区域、不同的架子。

之前提到的"你发了30条关于上班带饭的作品后，围绕着这30条作品，一口气总结出了10个系列"（上班带饭省钱系列、上班带饭奢侈系列、上班带饭少女心系列……），这10个系列，就是选题库里的10个架子。架子的数量越多，架子之间的逻辑越合理，你就越容易将日常看到的、听到的、想到的，转化成自己的选题。

而"素材源"，则是稳定获取素材的源头。

比如，与你定位有关的书籍、电影、杂志、头部博主、专业网站，这些之所以都是优秀的素材源头，是因为其本身也具备"源源不断"的属性，可以稳定为你提供素材和灵感。

素材源是你选题库最重要的"供货商"。

制作"合集类内容"，复刻"无时效性的爆款选题"

如果你是"干货类"的博主，可以定期做一些"合集类"的内容，将之前精心准备并发布的作品，做精益求精的整合，让错过了其中一些内容的粉丝有更强的"收藏动机"，并借势出圈，实现爆款。

你还可以将没有时效性的经典爆款，阶段性的"自我复刻"。毕竟，当粉丝数量有了一定的增长后，近期才关注你的粉丝很可能错过了本不该错过的经典内容。更何况，哪怕是以前关注的粉丝，有很多人也会错过。而没错过的粉丝，当时也许只是随手收藏，或者瞬间划走。

所以，温故而知新，适当的"自我复刻"，对于干货类博主，这是非常合理的内容运营策略。

预告未来、引用过去

预告未来、引用过去，是所有博主都需要掌握的内容运营技巧。

让大家通过当前的内容"期待你的下一条""又多看了几条"，无论是对提高关注率，还是增加流量稳定性，增进与粉丝的关系，都会有直接的效果。

具体的实现方法，除了之前提到过的"通过数字解释内容之间的逻辑性""通过宣言明示下一条内容是什么"，账号的名字、文案、简介、留言区、封面图、简介背景图等，也都可以用来"预告未来、引用过去"。

总之，这八个字的执行难度并不大，关键是要有中期和长期的计划，以及有执行这件事的意识。

用户的运营

用户运营就是用户关系的"感情管理"。而做好"感情管理"的基础，则是先了解账号和用户之间、博主和粉丝之间都可以有什么样的关系。

典型的关系类型包括朋友、恋人、爱慕者、粉丝与偶像、学生与老师、大佬与追随者、顾客与销售，而这些关系类型也都是大家在生活里最常见的。

我们在生活当中有朋友，有喜欢的人（或者被某个人喜欢），有偶像（或者是一些人的偶像），有老师（或者是一些人的老师），希望追随一些人（或者被追随），当过顾客（或者也向别人推销过东西）。而现在，我们需要将这些生活当中的某一种关系，通过内容创作、内容运营、用户运营，建立在自己和粉丝之间。

我建议你先尝试"换位思考"，回归到生活当中，再将现实的关系还原到自媒体上。

比如，把一个人当朋友很简单，我们只要做到真诚、利他、陪伴就可以，但让对方把你当成朋友，则不是一件容易的事情，甚至比其他几类关系的建立还要难一些。因为，人和人之间如果没有身份和经历上的交集，就很难产生朋友之间的共鸣感。

所以，如果你想在线上成为大家的朋友，就一定要先想清楚，自己可以成为"有什么身份、有什么经历"的人的朋友，而不是所有人的朋友。

你可以成为妈妈们、爸爸们的朋友，你可以成为北漂者的朋友，你可以成为创业者的朋友，你也可以成为"铲屎官"的朋友。

但不要成为所有人的朋友。

其他几类关系的建立，也都可以通过"回归生活角色"迈出正确的第一步。

在生活里，我们为什么把一个人当作"老师"，我们为什么喜欢这位"销售"，我们为什么愿意相信这位"大佬"的判断，以上这些为什么，你一定都有自己的答案，而且这些答案大概率是靠谱的。

那么，我们只需要把这些答案迁移到线上，通过内容的创作还原出来。而用户运营要做的，则是通过积极主动的互动，让粉丝能够获得更多的基于关系的反馈机会，巩固彼此的关系。

所以，内容运营与用户运营一定是相辅相成的。

比如，你想让大家把你当老师，你就要用内容教大家，让大家真正有所收获，并有机会通过互动，确定自己"老师"的身份。你想让大家把你当销售，你就要专业地解释产品的价值，解答大家的疑问，让大家下单的时候充满期待且没有后顾之忧。

内容运营（含"内容创作"）更倾向于"向外释放"你的身份，而用户运营则是"向内接受"粉丝的身份。所以在很多时候，内容运营和用户运营可以说是同时进行的。

你每天在自己的粉丝群里耐心回答大家的提问，或者每天晚上固定一个半小时用直播的形式陪大家聊天，或者在留言区引导大家与你互动，这些既可以是内容运营的一部分，也可以是用户运营。

总之，一定不要在概念上纠结和过于较劲儿。

运营不是一个固定的概念，而是为了更好地实现目标所运用的一切合理手段。

活动的运营

如果你做过企业的新媒体运营，那么对"活动运营"大概率是不陌生的，尤其是基于"微信生态"的各种涨粉活动，比如线下涨粉活动、线上裂变活动、分享朋友圈活动等。

活动运营，就是活动效果的"目标统筹"，就是要做到真正的"以终为始"。

对于传统的涨粉活动和传播活动来说，最难的不是涨粉和传播，而是"留存"和"效果"。

花钱就能涨粉，但金钱却阻止不了取关[⊖]。

有利就给传播，但利益却无法带来转化。

_____

⊖ 取关是当今常用的网络热度用语，流行于微博、快手、抖音、B站等。意思是取消关注，网友们为了方便，就简略缩写成取关，表示粉丝对你近期发布的微博、快手、抖音、B站等内容不满意。

而对于绝大多数的自媒体博主，尤其是算法平台上的自媒体博主，其实并不适合通过活动来获取更多粉丝或者更多传播。

第一，绝大多数的自媒体博主并没有成熟的变现项目，所以很难像企业或者极少数有项目的博主那样，计算活动的投入产出比，高效率地通过销售转化覆盖活动成本。

第二，如果活动本身不能改变内容的质量，就不会获得算法给的更多流量，甚至会因为活动所带来的不精准人群，对账号价值产生负面的影响。

第三，平台自身的投放工具（抖音的"DOU+"、小红书的"薯条"等）可以合规而且高效地实现"花钱涨粉""花钱传播"的目的。

说了这么多，那还要不要在自媒体账号上做活动？

要。但目的不是为了"增量"，而是为了"增内容""增关系""增转化"。

比如，你策划了一个活动：在一年的时间里，为100所大学的999对情侣免费拍写真。这就是典型的"增内容"类型的活动。活动的目的不是直接涨粉，而是通过活动本身，创作出"强独家感、强确定性、强话题性"的优质内容，再通过优质内容，获得优质的粉丝，并通过广告、带货等方式，实现账号的商业价值。

比如，你策划了一个活动：每个月去一座城市，请这座城市的几位粉丝吃饭、聊天。这就是典型的"增关系"类型的活动。因为你可以把这样的内容记录并分享出来，让更多粉丝看到你的态度、你的日常。当然，像"每个月读一次粉丝留言"这样的线上活动，也可以起到不错的效果。

比如，你策划了一个活动：直播间粉丝团等级达到6级，可以参加每个月的抽奖活动；直播间粉丝团等级达到10级，可以直接收到你的礼物。这就是一个"增转化"的活动。因为你也许会在直播间里带货，而粉丝团的数据虽然和带货量不直接相关，却可以间接影响很多数据。另外，抖音除了"直播粉丝团"，更是上线了"购物粉丝团"，将粉丝团级别和下单购物行为做了更强的绑定，你可以针对购物粉丝团的级别做一些活动预算，增加整体的收益。

看到这里你会发现，内容运营、用户运营、活动运营这种运营体系的划分逻辑，其实对于做好一个自媒体账号来说，并不算十分合理。有太多的运营执行都是"你中有我、我中有你"，其中既有内容运营，也有用户运营和活动运营。

所以再次提醒你，一定不要纠结于概念和分类，而是专注于目标，将运营变成一种习惯，用在运营账号的每一个环节上。

矩阵的运营

在讲到"宏观的运营"时，我从战略的角度，分享了三种典型的矩阵搭建策略。

一是在不同平台注册相同名字的账号，将内容同步上传到这些平台进行发布。

二是做一个生活化的小号。

三是多做几个同类型的账号。

现在，我们将战略落地为战术，学习和了解一些具体的矩阵搭建技巧和注意事项。

第一，尽可能做到"全网同名"、账号名唯一。如果你喜欢的名字已经被人占用，可以通过增加英文、形容词、补充词等，让名字变得唯一，让粉丝在其他平台搜索你的时候，也能找到你。

第二，越早期，反而越要"广撒网"。当你通过不同平台的数据反馈，确定了某个平台或者某几个平台更适合你，你可以将运营上的投入再进行合理的调整，但依然可以保持多平台的发布和基础运营。

第三，如果你想更大概率在"多平台拿到结果"，既需要针对"点击封面图和标题在前"的平台（主要是小红书、B站），精心设计封面图和标题，也需要针对"沉浸式浏览、上划就离开"为主的平台（主要是抖音、快手、视频号），精心设计开场的"第一眼"和"第一耳"。

第四，跨平台分发作品，并不会发生"自己抄袭自己"的限流问题，但这同样意味着，如果你只在某个平台拿到了很好的成绩，有可能在另一个平台"被抄袭"，甚至直接"被搬运"。更有甚者，会把你的账号名都搬运过去，让你的粉丝真假难辨。

第五，通过直播和其他内容形式（抖音的快拍、小红书的记录日常、B站的发动态等），也可以在不影响内容稳定性的情况下，让粉丝看到你更生活化的一面，增加互动，提升粉丝黏性。如果你还不是头部博主，或者铁杆粉丝不够多，分散精力做一个生活化的小号，还不如在大号上用这些形式和粉丝互动。

第六，如果你已经有了不少铁杆粉丝，既不想通过直播的形式带货，又不想在大号里发带货视频，则可以专门做一个带货小号，通过"出镜+视频"的形式，向粉丝推荐你自用的或者实测好用的商品。

第七，从商业的角度看，成熟的头部博主做矩阵，本质上是利用积累的"个人品牌效应"和"变现资源"，在原账号的变现效率降低时（变现资源太多，只通过一个账号变现，会造成资源浪费），让新账号可以直接获得较好的投资回报率，提升整体的变现能力。这个逻辑在成熟的MCN机构里，有着更明显的体现。

第八，对于更多创作者来说，矩阵不仅可以拓展我们的商务渠道，也可以让我们和品牌方的合作方式有更多可能性，以此提高合作成功的概率。比如，通过A平台联系你的品牌方，最终选择在B平台或者"A+B"两个平台合作。比如，为了抓住这次合作机会，你承诺除了在A平台发布这条广告，也会在B平台同步分享。

第九，"企业新媒体"的矩阵策略是不能照搬"个人博主"的策略的。企业应该从消费者和潜在用户对商品和服务的需求出发，基于各平台的相对优势进行差异化布局。企业可以用公众号服务消费者，通过"企业微信、社群、视频号"的联动，做好商品和服务的复购。企业可以在抖音做线上直播销售、线下引流，而企业在小红书，则更应该侧重消费者的自传播。当然，企业需要根据自身的实际情况，进行合理的资源配置。如果只是一家服务本地消费者的小型企业，让老板或者核心员工做自媒体，专注抖音平台，围绕成交来创作内容、获取粉丝，也是非常合理的解决方案。

你可以抽出几天的时间，搜索和分析一下你喜欢的博主，看看他们在其他平台有没有账号，有没有小号，分别运营的怎么样，相信会给你更多的收获。

团队的运营

"大号都有团队吗？"这句话的画外音可能是：没有团队是不是做不起来一个大号？

"他们都有团队吧！"这句话的画外音可能是：我（还有你们）没做起来，是因为没有团队。

团队这个词对于做自媒体的人来说，究竟意味着什么？

我们先假设一个情况。

> 从几百名粉丝到几百万名粉丝，你一直能够独立完成内容的创作，并且不喜欢其他人参与创作（包括不需要其他人参与内容的后期剪辑）。粉丝也一直很喜欢你的内容，很真实，很有自己的风格。

你需要团队吗？

在内容创作层面，你可能真的不需要。

但在账号变现层面，则是另外一件事了。

如果你的变现模式是"接广告"，当你拿到了甲方的"Brief"⊖，这就意味着接下来的内容创作不再是之前"为所欲为"的模式了。

一条优秀的广告作品，是甲方、乙方（也包括粉丝）共同努力的成果，但得以发布的前提，一定是甲方（品牌方）同意了。所以，其中必然需要一些沟通和协调。

如果你的广告报价不高，或者甲方、广告公司非常好说话，或者你选择只接"听你话"的合作，当然会减少沟通成本。但如果你想获得更高的收入，也包括挑战更高难度的合作，就需要把很多精力用在内容创作以外的事情上。

这个时候，如果你不擅长沟通，不了解甲方的需求，原本可以让双方都满意的合作，最后很可能闹得双方都不愉快。

所以许多成熟的内容创作者，虽然不会搭建内容团队，但会招聘一位有经验或者擅长沟通的助理，专门打理商业事务，或者干脆签约一家机构，让更擅长这些事情的人专门

⊖ 你可以理解成"广告"的说明和要求。

负责沟通，更高效地完成博主与品牌方的对接，也可以节省自己创作上的精力。

同样地，当你选择带货变现（推荐其他商家的商品，成交后获取佣金），实际的售后工作虽然是由商家完成的，但如果粉丝是因为对你的信任而购买商品的，你不仅要帮助粉丝售后，不断选择更优质的适合自己定位的商品，可能还需要从商家那里争取更多的粉丝福利。这些都是一个人很难同时完成的，你很可能需要同伴的帮助。

如果是以直播的形式带货，则更需要团队的协助。不是说一个人无法完成一场带货直播，而是我们每个人的精力有限，每个人的优势不同。通过团队协作，可以让一个账号从创作到运营再到变现，走得更远。

这就是团队运营的核心价值。

理解了团队的核心价值，最后再聊聊团队的管理。

我并不是管理的专家，所以只能给你分享一些自己的观察和观点。

当一个账号如果没有盈利，或者只是微微盈利时，团队反而是容易管理的。而当一个账号盈利非常好时，则是最难管理的。

因为当一个账号的盈利非常好，一些团队成员有可能会认为自己的价值被低估了，他们值得更高的薪酬，或者认为自己有能力带头做出同样的成绩，获得更高的收入，从而选择离开团队。

当出现这种情况的时候，作为团队的管理者，你必须理性地做出判断。

如果团队成员确实有很大的贡献且能力突出，你就需要给予合理的报酬，其中还可以包括基于利润的分红。从经营的角度上来说，这个报酬不仅要参考行业水平（让对方没有更好的选择），也要考虑如果这个人离开了，你重新招募一位合格人才的成本。

如果团队成员高估了自己的贡献，把平台的能力、骨干的能力也作为自己的能力，又或者团队成员高估了公司的盈利（不了解公司的经营成本很高），则需要你通过管理技巧，比如有效地沟通或者更透明的制度，保证团队的凝聚力。

所以，当你想成立一家自媒体公司或MCN机构，一定要清楚：运营好一个账号和经营好一家公司，并不是一回事儿。找到靠谱的合伙人，让擅长内容的人负责内容，让擅长管理的人负责管理，当然是一个不错的选择。而做一位独立博主，多招聘一两位助理，也可能是一个不错的选择。

时间的运营

很多人会把"没时间"作为停更的理由。

但如果我们深究本质，对于一位内容创作者来说，其实大家并非真的没有时间，而是没有了动力、没有了精力去支配我们的时间。

获得更强的动力和精力，才是运营好时间的关键。

而动力的重要性，毫无疑问，应该排在第一位。

动力是执行力的源泉，更是"获得更多时间"的最强法宝。

当你有很强的动力"尽快看完一部小说、一部电视剧"，你会惊喜地发现，原来自己有那么多的时间（上厕所的时间、等车的时间、电梯里的时间、更晚睡觉、更早起床……），可以用来看小说和追剧。

而如果你有很强的动力"把自媒体做好"，你就会有更多的时间记录选题，拍摄素材，撰写文案，进行基本的后期剪辑。

毕竟，这些工作绝大部分都可以在手机里随时随地地完成。

动力，来自目标和愿景。

如果你没有具体的目标和愿景，只是想赚大钱，那么在还没有赚到钱的阶段，或者有其他看似也能赚到钱的机会出现的时候，你的动力就会被消耗或者被转移。

所以，目标要具体，愿景要有吸引力，要聚焦在自媒体这件事上。它不需要像一家企业的愿景那样高大上，但一定是让你想挑战的，达到之后会有极强满足感，并且有机会一步步达到。

比如，我要成为那种"一年发布1000条高质量带货视频"的成熟带货博主，实现年入百万元的目标！

当你判断"只要做到了这件事，真的有很大概率年入百万元"，再规划具体的执行方案（如何达到高质量的标准，如何保证稳定的输出），然后在开始执行的时候，看着每一天都在接近1000条这个目标，你自然更容易动力满满。

有了目标和愿景，时间挤出来了，你也铆足了劲儿，还会遭遇"有动力没精力"的情况。

比如,脑子就是转不动了(脑子累了)或者压根儿就转不起来(脑子空了),宝贵的时间就又被低质量地消耗掉了。

我们其实都明白:对于内容创作者来说,灵光闪现的几秒钟,进入状态的几分钟,自己所创造的价值,要远比低质量地思考几小时产出的价值高。

所以,我们一定不要陷入无谓的内耗。

我个人的创作习惯是会给自己做时间上的"投资组合管理",让时间可以有选择地投入到很多项目当中,比如写书、写文案、想创意、刷短视频找灵感、读书、直播等。如果在一个项目里投资受挫,现在就是没有精力、没有心情做其中的一件事,那就去做另外一件事吧。

一件事如果30分钟都没有进展,就换另一件事去做。一件事如果3分钟就有了小进展,但消耗了大量的精力,也可以换另一件事去做。

睡觉、运动、旅行、听歌、养宠物、打打游戏,都是恢复精力的好方法。

总之,对于内容创作者来说,时间的利用效率要比时间的投入更重要。

效率的运营

随时可能弹出的微信消息，不想错过的朋友圈，好奇微博上又有什么热搜了，看会儿抖音结果停不下来，打开小红书被不停种草，然后打开了淘宝……这些场景，你一定深有体会。

科技提高了我们的效率，却也降低了我们的效率。

尤其是对于内容创作者来说，原本想着去找找素材、找找灵感，结果却陷入了别人的灵感而无法自拔，时间不知不觉就过去了。

在这里，我分享一些自己"提高创作效率"的方法，希望给你一些帮助和启发。

用"投资组合"的方式，提升时间的使用效率

在金融学里，"投资组合"可以简单地理解成"不要把所

有鸡蛋都放到一个篮子里",其目的是规避风险(分散风险),实现更稳定的收益。

而对于内容创作者来说,我非常推荐大家用"投资组合"的方式管理自己的时间,因为只把精力放到一个篮子里,我们的收益率极大概率是先递增再递减的(先进入状态,到一定阶段开始疲惫)。这也是为什么很多人会使用"番茄工作法"⊖来保证精力的最大化利用。

你可以试着把运营一个账号所需要做的工作,按照"周"来做规划,再分散到每一天,而不是集中在一两天去做。你的创作效率很可能会有非常大的提高。

知道有哪些"重要却不紧急"的事情

提高效率的关键,其实都在"重要却不紧急"的事情上。

比如,"拍摄剪辑"的能力很重要,但不紧急,现在的水平也能"凑合用"。比如,"场景搭建"的能力很重要,但不紧急,现在的画面也能"凑合用"。比如,"审美""形象管理""表现力""表达力""体力""特定领域的知识积累"……

当你有意把一些时间持续用在这些基础能力的提升上,效

⊖ 每工作25分钟,就休息一会儿。

率才会真正随之提高。

至于如何提升基础能力，你可以阅读相关的经典书籍，或者先去几个内容平台搜一搜相关的问题，你一定会有所收获。

不断让自己拿到小结果，获得追求高效率的动力

我们知道"不经历风雨，怎能见彩虹"，但我们也不能"一直经历风雨，总不见彩虹"。给自己设立合理的小目标，就像是在成功的路上建立了一个又一个的加油站。

完成了一条高质量的作品，掌握了一个新的视频剪辑技巧，在新平台发布了第一条作品，"点赞、收藏"首次突破100人次，首次播放量突破1万次……千万不要无视这样的小成绩、小结果。

当你拿到了小成绩，你可以休息一下，或者给自己一些小奖励（精神上的、物质上的），这些都可以提升你的长期效率。

抓住每一次"灵光一现"

浪费，是效率的最大敌人之一。

作为内容创作者，最不能浪费的就是"灵光一现"的选题和创意。而这些瞬间在脑子里划过的想法，也经常瞬间就被忘记了。

"刚才我想到了一个什么选题来着？"

所以，我逼自己养成了一个习惯：只要想到了一个选题、一个创意，先不管可行不可行，马上打开微信，发给微信里的自己（我在微信置顶了自己）。

我把微信当作了临时记事本，因为它是我全天最高频打开的app。这样，你记录的那些创意，每天都会多次出现在眼前，实现更好的提醒作用，让我可以把它们及时放到其他地方"深加工"。

创造独处的时间、工作的空间

我特别羡慕随时随地都可以高效工作的人，但我自己很难做到。

比如在家里，哪怕我精心布置了一个工作台，但依然不自觉地会去沙发上"瘫"一会儿，去床上躺一会儿，看会儿电视，刷会儿手机。所以，我最后选择了"放弃抵抗"，在家里就是"恢复能量"，完全不给自己做任何要求。哪怕玩一晚上游戏，也不会给自己强加罪恶感。

对应地，我每天早上坚持5点起床，6点之前到公司。6点到9点，是我全天工作效率最高的3个小时（大家9点上班）。在飞机上、酒店里、图书馆、咖啡厅，这些没有网络、没有社交或者充满陌生信息的地方，也经常会给我创造出高效的状态。

这不是一本研究心理学的书，我也不是这个领域的专家。但如果你一直难以进入创作的状态，不妨也试试在不同的空间创造一些独处的时间，可能会有很好的效果。

人生的运营

最后，还有一些你可能已经听烦了的"大道理"。

如果你想通过自媒体赚钱，我希望你一定要明白：自媒体本身是不能帮你赚钱的，但它可以帮助有赚钱能力的人撬动更大的财富，它也可以让有成交价值的商品获得更多的销售渠道，实现百倍、千倍的销量。

同理，依靠自媒体本身，并不能生产好的内容，也不能吸引粉丝、获得流量。想要持续输出优秀的内容，获得粉丝量的增长，需要的是"你过去和未来的故事和经历，你储备的和不断增长的知识，你的思考能力、洞察能力以及表达能力"，当然还包括你的拍摄剪辑能力、账号运营能力。

这也就是我在这本书一开始说的：人生的定位大于自媒体的定位。

所以，如果你一直没有找到合适的定位，做不出精彩的内容，却愿意通过努力获得更多的收入，就先从自媒体里"跳出来"，沉下心来，思考这些平常事，把努力放到自己的生活里，把一些自己每天都做的事情努力做到更好，甚至将目标定为"最好"。

无论目标是否能实现，你做出的改变以及你越做越好的那些事情，都可以成为非常好的定位或者非常优质的内容。

比如，我们每个人的每一天，都离不开"吃、穿、住、用、行"。那你就先买一些书，看看不一样的"吃、穿、住、用、行"，然后从中选择一件自己喜欢的、擅长的、愿意改变的小事，从今天起，让它开始改变，得到可以让99%的人刮目相看的结果。

然后，再训练自己的"拍摄剪辑能力"，学习"账号运营知识"，给自己"持续输出的动力"，一个优秀的自媒体账号就一定会出现在大家的面前。

有些人对"鸡汤"不屑一顾，觉得"大道理"谁都会讲，可对于做自媒体这件事来说，如果你真的做了大量的市场调研就会发现——答案就在那儿，但大家就是懒得"抄作业"。

懒得走出生活里的舒适圈，懒得练习拍摄剪辑这样的"慢功夫"。

鸡汤和大道理，虽然帮不了所有人，但至少可以帮到一些人。那些通过努力（而不是天赋异禀）拿到结果的自媒体人，可能觉得成功本就该如此。

自媒体只是一个"杠杆"，可以让有价值的东西变得更有价值。当你看清了这个逻辑，它会让你不再急于求成。

因为自媒体的杠杆、互联网的杠杆只会在这个时代越来越多、越来越成熟，而不是哪天就消失了。而我们的人生，也都可以从今天开始，从一件小事开始，变得不一样，变得更精彩。

你可以用一年的时间做一些了不起的改变，再用自媒体放大它的价值。这并不是一条捷径，却是一条不会走错的路。

因为市场一直在，杠杆也一直在。

PART

5

变现篇

变现的目标

你还记得那道选择题吗？

A：努力一年后，20%的概率月入3万元，40%的概率月入1万元，40%的概率月入0元。以上只投入时间和精力。

B：努力一年后，1%的概率月入10万元，99%的概率月入0元。以上只投入时间和精力。

C：努力一年后，20%的概率月入100万元，80%的概率月入30万元。以上每个月投入50万元的成本。

这三个选项当中，确确实实包含了关于自媒体变现的所有关键点，也是我们最后一部分要学习的重要知识。

成本与收益

无论是"付出的时间""分配的精力"还是"真金白银的投入"，这些都是我们做一个自媒体账号的成本。所以，在确定变现的目标之前，你必须想清楚四件事。

收入−成本＝利润

利润／收入＝利润率

成本持续产出，收入延时产出。

避免成本递增，避免收入递减。

概率与收益

概率就是风险。

低风险（高概率）往往意味着更稳定的收益，高风险（低概率）则给了我们更高的收益上限。这两者不分高下，我们可以选择自己喜欢的模式，也可以选择两个都要。

比如，如果你想追求极高的赚钱概率，可以选择一份稳定的工作（包括兼职）。而如果你想体验极低的赚钱概率，也可以在下班后，买几张彩票碰碰运气。

我们当然愿意接受"高风险、高收益"，也理解"低风险往往意味着低收益"。但对于做自媒体的人来说，选择一个适合自己的定位（大部分人做不好，但你却十分擅长），则有可能实现相对的"低风险、高收益"，但也有人反而选择了"高风险、低收益"。

理解概率的存在，理解风险的因人而异，做出理性的判断，并清楚哪怕是理性的判断也有概率，不仅是自媒体变现的关键，还是赚钱这件事的必修课。

阶段与收益

"努力一年后，20%的概率，月入3万元"，当然不代表这一年内不能变现，也不意味着达到了月入3万元的目标后，每个月都"只能有"或者"保持"月入3万元的成绩。你想要更长久地获得收益，最重要的一件事就是能够在账号的不同阶段，做出不同的战略选择。

比如，对于想做"个人IP"接广告变现的账号来说，起号期的涨粉空间是最大的，但变现效率却是最低的。付出同样的努力，却因为粉丝量不高，广告收益并不高。因此，你应该放弃一些"蝇头小利"，专注涨粉，才是更理性的选择。

请相信，每一个优秀的账号，一定都会经历"起号期、高速涨粉期、流量稳定期、流量下滑期"，这背后，是平台的变与不变、粉丝的变与不变、甲方的变与不变。

理解了这些"变与不变"，我们才能做好每个阶段的运营，实现更高的收益。

在"变现篇"，我除了会详细解释这些重要的知识点，还会和你分享一些关于变现的实操建议，包括"你究竟在赚谁的钱""可以如何赚到1万元""如何实现月入10万元""如何突破变现的瓶颈""如何走出变现的迷茫"。

我必须再次强调：只要做好了"定位""搭建""起号""运营"，变现只是一个水到渠成的结果。

成本与收益

如果你在企业里负责过项目的企划和落地，那么在做自媒体的时候，你应该会把"成本"作为重要的考量因素之一。

运营一个自媒体账号，就像自己独立负责一个项目。项目的最终目标是盈利，那么，确定好了具体的目标，下一步就是根据目标制定"预算"。

在企业里，不给预算却将目标定得很高的老板，是令人讨厌的。现在，你成为自己的老板，可千万别变成自己最讨厌的那种人。

自媒体最大的优势，就是可以"通过比较低的成本投入，获得极高的收益上限"。这背后的逻辑是抖音、小红书等平台为创作者提供了巨大的"收益杠杆"，并且创作者的实际投入，主要是在时间、创意等无形资产层面。

但许多人忽略了自媒体运营的这些基本成本，觉得做自媒体是"以零博大""空手套白狼"，那就真成了"自己给自己画饼"的老板，自然很难拿到结果。

理解成本、做出预算，是实现变现的第一节必修课。

我建议你将自媒体的成本，分为"一次性投入的时间成本""持续性投入的时间成本""一次性投入的金钱成本""持续性投入的金钱成本"四种类型，在可以承担的成本范围内，设计定位，规划变现目标。

一次性投入的时间成本

发布第一条作品之前的准备时间，包括思考定位、市场调研、内容准备以及目标规划等，这些都属于"一次性投入的时间成本"。

这是看起来最小的成本，也是许多人最不重视的成本。毕竟，我们随时都可以拿出手机，记录生活的精彩。市场越成熟、竞争越激烈，我们就越应该重视这部分的投入。

因为用户喜欢看什么，消费者喜欢买什么，甲方喜欢合作什么，早已被市场验证。你想到的任何一个有商业价值的定位，怎么做是合理的、精彩的、被认可的，已经有一本厚厚的参考资料，免费放在了各个内容平台的搜索框里，让我们不需要摸着石头过河。

用几个星期的时间，尽量翻阅这些优秀的作品，关注更多优秀的账号，归类共性、洞察个性，再进行有针对性的拍摄剪辑练习，这会提高你的"创作下限"，并且在不知不觉当中获得很多"突破上限"的启发。

根据自己的基础，留出充足的时间（我的建议是至少一个月）完成上述准备工作，而不是"一上来就根据自己的判断发布作品"，这反而会帮助你更快完成起号，更大概率实现变现。

持续性投入的时间成本

"两个小时就能完成一条作品的创作"和"两天时间才能完成一条作品的创作"最大的差别，不是在于一条作品，而是经过一年的时间，你能发布多少条作品。

对于没有团队的创作者，尤其是副业型创作者来说，如果每一条内容的创作都很辛苦，甚至越创作越辛苦，那么许多人会在"做自媒体"的半路上放弃。

如果内容创作起来并不困难，或者只是开头难，越做越简单，一年能输出上百条优秀作品，那我们成功的概率自然更大。

所以，我们不仅要评估当前内容的平均投入成本，更重要的是评估创作的"边际成本"，也就是你的内容创作会越来越顺利还是越来越难。

想要实现创作成本越来越低或者至少保持稳定，你就一定要理解"形式固定、素材可变"这八个字。

通过一次性投入的时间，设计一个可以长期使用的固定形式（比如，固定的场景、固定的开场白、固定的脚本结构），再通过改变每次在场景里出现的素材（比如，不同的健身操、不同的食谱、不同的商品、不同的亲子游戏），再加上一些低成本的个性化元素（比如，偶尔的碎碎念、留言区的互动），这与每次设计一条全新的内容相比，创作成本会低很多。

并且，在用户已经关注了许多账号的今天，使用固定且有特点的形式，反而有利于通过"重复"这种方式让大家更快地记住你。

当你起号成功、流量稳定后，当然可以基于粉丝对你的更多预期，以及自己对内容创作更成熟的理解，做出形式和内容上的突破。

但在起号初期，对于没有充足创作时间和丰富经验的自媒体新人来说，我非常建议你考虑"形式固定、素材可变"

的逻辑，至少让一些元素保持固定，这可以大大降低你的持续性时间投入。

一次性投入的金钱成本

和"一次性投入的时间成本"类似，这也是很多人不愿意重视，却非常重要的成本。

很多人选择做自媒体，就是因为自媒体需要一次性投入的成本低，而不是自媒体能赚的钱多。你只需要一部现在用的手机，就可以拍视频、上传发布、获得流量、涨粉、接广告、带货，当然有很多人想试一试了。

但在之前的"搭建篇"里，我已经和你讲过了场景、道具、器材、布光的重要性，也包括一次性投入之后的"一劳永逸"，而且还可以通过二手交易平台转卖。

当然，我也见到过一些想做自媒体的朋友，还没想好要做什么，就花了很多钱买设备、买道具，这显然是不理性的。

还是那个逻辑：做一个自媒体账号，就像自己独立负责一个项目。项目的最终目标是盈利，确定好了具体的目标，才能根据目标制定"预算"，完成相应的采购。

持续性投入的金钱成本

哪怕不做自媒体，这笔钱你也会支出，但因为做了自媒体，你会把这笔钱支出的更合理、更极致、更好玩，这样的"持续性投入"，显然更容易被接受。

比如，你每天的饭钱、日常买化妆品的钱、买衣服配饰的钱，甚至是买车、买房、装修、布置家的钱，都可以通过相关的自媒体定位，同时变成自媒体的内容投入，这是非常合理的变相减少"金钱成本"的方式。

挑战一周备菜、每天上班带饭，沉浸式化妆、工作日穿搭不重样，汽车露营、车内布置、用车技巧，家居博主、家装改造，这些就在我们日常生活里的定位，往往也距离变现更近。

当然，你也可以选择"从零开始"的定位，比如做一个"带货号"，搭建场景、采购商品，但一定要有做预算的意识，让长期成本在自己的可接受范围内。

另外，当你获得了收益，还需要考虑将部分收益合理地投入到内容当中，保持竞争力，实现滚雪球的效应。而如果"投入产出比"开始下滑，甚至开始亏损，则要理性地控制投入，保持稳定收益，寻求新的机会，或者保持稳定收益即可。

概率与收益

我最希望创作者拥有的一种思维，就是"概率思维"。

创业是一件"九死一生"的事情，不要轻易创业。

我相信，许多人会认可这个观点。

做自媒体是一件"九败一胜"的事情，不要轻易尝试做自媒体。

而这个观点呢？理性的你应该只会认可前半句。

之所以不要轻易尝试创业，不仅因为创业的成功概率低，还因为传统创业的试错成本太高了。一次创业的投入，动辄几万元甚至几十万元。两者结合在一起，我们当然要慎重。

但为什么很多人依然勇敢地选择了创业？一些人是为了验证和实现自己的想法，一些人是希望获得更加自由的工作状态，当然更多人还是为了获得"赚大钱"的机会，并兼顾着前两个原因。

那么，当你把做自媒体当作一场创业，你会发现：它可以满足你以上所有目标，并且有着非常低的试错成本（并不需要投入太多资金）。这真的是非常好的商业模式了。

但是，你一定不能再贪心地认为，做自媒体赚大钱的概率也非常高。

我们以"开一家咖啡店"为例。

开业之前，店主一定有很多美好的畅想。

周末坐满了人，平时总有人路过打包，成为小红书网红店，在抖音很火，未来有机会像Manner Coffee[⊖]一样家喻户晓。

但开业后，你起早贪黑，也花钱请了不少当地的博主来探店。也许生意只在前几周不错（但实际上是入不敷出的），接着就是不温不火，直到三个月后，隔壁开了一家其他品牌的咖啡店，经常有"9.9元一杯"的活动。又过了两个月，马路对面又开了一家咖啡店，你的生意更差

⊖ 从上海的一家小店开始，逐渐拥有数百家连锁门店的咖啡品牌。

了。最后，你只能遗憾地选择了闭店。

当我们是局外人时，会觉得以上就是大概率的结果。但当我们身在局内，往往会"高估成功率、低估失败率"。这就会导致我们准备不足，让原本30%的成功率变成1%。

而如果你从一开始，就觉得"我做这件事只有全力以赴，才能争取到30%的成功率，但如果成功了，就会获得改变一生的机会"。这个时候，创业的成功率反而会更高，因为你会为了这30%的成功率，以及非常高的成功上限，做充足的准备，并拼尽全力完成这件事。你也理解失败并不可耻，甚至是大概率的。所以，如果确定了自己不在30%的范围内，你可以果断止损，遇到了更好的机会，我们还能有全力以赴的资本。

你想做一个赚钱的自媒体账号，也会遇到同样的情况。

无论你的想法有多好，内容的实操能力、长期的执行能力、算法的不确定性、市场环境的变化、同类账号的竞争，都会让100%的想法变成5%、20%或者35%的成功率。

但，哪怕只有5%的成功率，真的低吗？

就像一开始，我们把做自媒体当作一个创业项目，考虑到项目的收益上限、初期投入、持续性投入，你会发现：对于一位创业者来说，这真的已经是超级棒的项目了！

把做自媒体当作"九死一生"的创业，全力以赴地去争取这5%，并让它随着我们的努力变成10%、20%、30%。如果确定了自己不适合这个项目，就换一个新项目。如果确定了自己不适合创业，就先停下脚步，让生活变得更精彩，让自己变得更优秀。

只有理解了失败的概率，我们距离成功才会更近。

阶段与收益

当你有5000名粉丝，并且账号在稳定的涨粉期，你接到了一个广告商的邀请，广告费为500元。但是，甲方要求你直接推送对方提供的内容，这是一条"硬广告"且内容质量很糟糕，你会接受这次合作吗？

如果不是"硬广告"，合作的品牌有不错的知名度，甲方态度也很好，但你要用一周时间精心策划，期间会减少两条常规内容的更新，广告费为500元，你会接受这条广告的合作吗？

当你有5万名粉丝，你接到了一条广告，广告费为5000元。这条广告的品牌同样不错，甲方态度也很好，内容对粉丝无害。你同样需要用一周时间精心策划，同样会减少两条常规内容的更新，你会接受这条广告的合作吗？

如果还是这个合作方，广告费还是5000元，但甲方要求你做"硬广告"，强烈推荐产品，你觉得这会让部分粉丝对你有所失望，你会接受这条广告的合作吗？

如果你有50万粉丝，广告费是5万元呢？

以上这些问题，都没有绝对的"接"和"不接"，但当我们把这些情况放到一起的时候，你可以更清晰地理解"阶段与变现"的概念，以及背后的判断原则就是机会成本。

你可以简单地将"机会成本"理解为：如果不做这件事情，把节省下来的成本用来做其他事情，可以获得多少收益？与做了这件事情相比，孰高孰低？

在起号阶段，接广告的收益低，合作品牌的知名度也相对较低，但涨粉的效率却是最高的。所以，起号阶段接广告的机会成本较高。为了账号的长远发展，专注涨粉、放弃合作是相对理性的选择。

但世事无绝对。如果恰好有知名度高的品牌找你合作，并且品牌方给了你很大的创作空间，让你有机会创作出和日常内容同样优质甚至更精彩的作品，别说"500元"的报价，哪怕最后因为创作成本比较高，你实际都没有赚到钱，这样的广告也值得接。

因为万事开头难。如果你早期就能和优质的品牌合作，并且可以创作出高质量的作品，那对于接下来的商务合作来说，无疑会成为其他品牌选择你的理由。与其相对的是，如果你一开始就"恰烂饭"[○]，那优质品牌就很难愿意跟你合作。

而到了有一定粉丝量的阶段，我们需要考虑的就更多了。

几千元甚至上万元的合作收益，除了可以补贴家用，还可以给我们带来非常实际的创作激励。长期不变现，一定会影响创作的动力。而且，当单条广告的收入足够高的时候，我们可以拿出一部分，反哺到内容创作当中去，包括采购设备、优化环境、进行某些消费体验，进而创作出更优质的作品，这样才会让账号进入到良性的经营状态中，而不只是运营状态。

但是，如果一条广告给你带来的收益不足以覆盖你的损失，比如会让大量粉丝失去对你的信任，你就要好好斟酌了。

另外大家一定要清楚：绝大部分的粉丝对博主"恰饭"这件事，已经有了很高的"耐受性"。毕竟，新媒体已经不算新了，大家也都理解博主需要赚钱这种情况。

如果品牌和产品足够优质，你可以放下一些心理包袱，甚至可以这样想：如果你喜欢的一位博主，接了一个优秀品牌的推广，你是会取关她，还是会替她开心？你会认真看

○　这里指接受低质量的广告合作。

完这一条，还是无感地划走而已？

总之，你一定要理解"机会成本"的概念，不断提升自己的判断能力，在账号的不同发展阶段做出不同的运营策略。

通过陌生人变现

如果你想通过自媒体赚钱，就要先想清楚：谁会给你钱，为什么会给你钱。

甲方给你钱，是因为你有他们需要的流量和影响力。粉丝给你钱，是因为你获得了他们的信任，同时可以给他们提供某些商品或者服务。平台给你钱，是为了让你保持创作的动力，让平台保持自身的竞争力。

那么，一个没有关注你的陌生人，为什么会给你钱？

也就是说，如果你的账号并没有真正的铁杆粉丝，甚至连路人粉都不多，接不到品牌方的合作邀请，你也不想通过创作"中视频"获得平台的流量补贴收益，但日常的内容也都会有流量，只是这些流量的背后，大多是没有关注你的陌生人……

你有可能"通过陌生人变现"吗？

这个时候，你只需要从"创作者"的身份，切换到"陌生人"的身份，回忆一下你有没有在没关注的账号那里花过什么钱。

也许你没有，但我相信不少人有过类似的经历。

比如，你刷到了一条视频：什么，这么一大包零食只要12.9元，看饿了，下单！

比如，这种家用手套感觉比家里现在用的好多了！20只手套，18.9元包邮，买了！

比如，我正好缺一个笔记本支架，这个看起来不错，买！

你能从以上三个描述的购物场景里，发现什么细节上的共性？

没错，我都用了叹号。

叹号，意味着含有"冲动"的成分。

消费者并没有价比三家（没去电商平台）找同款，甚至也没有经过深思熟虑就下单了，这也导致了兴趣电商的退单量相对较高。

当然，冲动下单并不是内容平台的错。

毕竟，对于传统的线下销售来说，无论是商场的活动，还是品牌的促销，或是销售员的推荐，这些营销策略同样容易让消费者冲动。相比线下销售，平台对带货类内容的审核、更充分的市场竞争，以及隔着手机屏幕的非现场感，反而会在更大程度上保护消费者的权益。

那么，当我们切换到创作者的身份，我相信你已经明白了，想让陌生人愿意买你推荐的商品，让自己获得带货佣金，最关键的是什么。

你需要让消费者"不犹豫"。

如果消费者犹豫了：比较价格，也许我们并不是全网最低价；回头再说，划走了就很难再回来了；再研究研究，可能研究好了就去别人那里买了。

别忘了，我们现在假定自己要做一个纯粹的"带货号"。没有粉丝和强人设，要让看到你内容的陌生人，会在你这里直接下单。

所以，不比较价格，不回头再说，不再研究研究，就是做好这类账号的三大要点。

不比较价格

作为消费者，什么时候你会不比价？

比如，价格本身就不贵（差不了几元钱），而且在消费者的认知当中，这个商品就应该是这个价格（熟悉的品类），甚至还低于消费者的预期（看起来这么好，实际价格竟然比自己想象的便宜）。这些时候，消费者大概率就"懒得"花时间到处比价了。毕竟，时间是一种成本，思考怎么比较也是一种成本。

不回头再说

作为消费者，什么时候你会毫不犹豫地下单？

除了价格本身的因素，还可能会因为仅限前10单才有赠品、优惠限时1分钟、就这几天才能吃到、最后一批了、7天无理由退货等。当然，这里还会包括：这个商品我想赶紧拿到手！这就是考验你选品、卖点提炼、卖点还原的本事了。

不再研究研究

不回头再说是"时间层面"的不犹豫，不再研究研究则是"空间层面"的不犹豫。

如果一个商品只是让消费者感兴趣，却不足以通过一条视频或者直播间里的描述，让消费者充分了解这个商品的价值（比如，这个商品的卖点、解释成本比较高），也同样很难让陌生人直接消费。用户大概率会去搜索、研究，再考虑是否购买这件商品。

以上三点都是我们在没有粉丝（主要指铁杆粉丝）的前提下，想通过带货类的短视频、图文、直播直接实现收入，必须要不断思考并解决的。

当然，如果你已经有了不少铁杆粉丝，以上三个困扰都会因为粉丝对你的喜欢和信任变得更容易解决。但是，你同时会因为铁杆粉丝的喜欢和信任，产生新的困扰。

通过粉丝变现

说到"通过粉丝变现"，我有必要和你先谈一个网络词语：割韭菜。

很多人会狭义地把"通过粉丝变现"等同于"割韭菜"。还有一小部分人会调侃自己喜欢的博主：你什么时候开始"割"我们，我一定第一个支持你。

什么才是"割韭菜"？

大部分人所理解的"割韭菜"，就是利用粉丝对博主的信任，夸大宣传自己的产品和服务，从中获取较大的利润。这也是为什么非常需要信任、很容易夸大宣传、很容易造成出现偏差、可以有很高利润的"知识付费领域"，成为"割韭菜"重灾区。

但"通过粉丝变现"绝不等于"割韭菜"。

通过粉丝变现，是基于粉丝画像、粉丝需求，设计自己的产品或者推荐优质的产品，与粉丝一起实现双赢的变现模式。

这也是"通过粉丝变现"和"通过陌生人变现"最大的区别。

无论是带货还是接广告，"通过粉丝变现"都具有更强的稳定性、更高的转化率。在粉丝了解你、喜欢你的前提下，你随性一些的直播或者产品推荐也会获得不错的效果。

但事事有利就有弊。

通过粉丝变现，当然要先拥有粉丝。这就意味着，与"通过陌生人变现"相比，这是一条乍一看"距离变现更远"的路。

但与此同时，这也是一条"越走越宽"的路。

如果你希望通过短视频或者直播，先积累粉丝，再寻求变现的机会，你可以在以下三条小路当中，选择一条。

第一，通过"泛娱乐类"的内容，获得不精准的粉丝。当积累到足够强的个人影响力，通过带货和接广告变现。

虽然泛娱乐类的流量（比如剧情搞笑类）距离消费比较远，而且内容不垂直，导致粉丝画像也不具体，但如果你通过这样的内容，获得了足够多的铁杆粉丝，就可以基于粉丝的影响力，通过直播带货来变现。或者，如果你的账号的日常流量足够大，你的人设足够强，你还可以接一些大众快消品、电商平台的广告实现变现。

但这条小路是最难走的。

虽然它的上限很高，但距离变现很远（规模要做到足够大），所以你需要持续输出优质内容。想做到这四个字，要么靠与生俱来的天赋，要么有长此以往的积累，要么通过专业团队的支持。

第二，通过"专业类"的内容，获得"希望通过你解决某些问题"的粉丝，再围绕帮助粉丝解决问题，实现变现。

比如，家长希望自己的孩子可以写一手好字，餐厅的老板想获得引流到店的解决方案，想做副业的职场人需要学习如何做自媒体。那么，如果你的日常内容可以帮助大家在一定程度上解决这些问题，获得了他们的关注，并且你还可以提供深度的或者定制化解决这些问题的方案，比如线上课程、线下培训、深度咨询，就可以利用自己的产品实现"通过粉丝变现"。

当然，如果你的粉丝是精准人群，需求明确，哪怕你没有自己的产品，也有可能通过接广告、与他人合作等方式，获得收益。

这条小路，有些人闲庭信步，有些人举步维艰。因为它不仅考验你现在和未来的努力程度，还需要你过去的许多积累。

第三，通过"垂直类"的内容，获得"特定领域"的粉丝。然后，再基于粉丝的精准性、需求的明确性，通过带货和接广告变现。

美食博主、家居博主、美妆护肤博主、穿搭博主、汽车博主、3C产品[⊖]博主、育儿博主……这些博主的变现，当然可以通过"在做美食的过程当中，需要买什么，可以再买什么？""你也想在家里用上这个吗？""同款眼线笔就在橱窗里""这款衣服是某某牌子的""我带你看看新款的某某汽车""三款安卓平板电脑的使用体验""我家宝宝喝这款奶粉"等实现变现。它们可以是广告，也可以是直接的带货。

通过垂直类的内容，从粉丝那里变现，大概率会和"通过甲方变现"（也就是接广告）出现交集，因为只要博主判定甲方的产品足够好、广告合作的价格也合理，往往不会

　　⊖　所谓"3C产品"，是计算机类、通信类和消费类电子产品的统称。

拒绝另一份收入。

这条小路，更适合有特定兴趣爱好的自媒体人，通过一定的积累，边输入、边输出，从而越走越远。

以上三条小路，没有绝对的谁比谁好走。我们还是要回归到自己的实际情况，做出理性的判断。或者，还可以选择陌生人和甲方的路线。

通过甲方变现

粉丝多了，既可以基于粉丝的需求带货变现，也可以接受甲方的合作邀约接广告变现，我为什么要把这两者区分开来？

因为做账号的"出发点"不一样。

我有一位酷爱跑步的学员，问我可不可以做一个"分享自己跑步日常"的账号。我当时给他的建议是：如果你想接到更多的运动品牌广告，分享自己的跑步日常（比如，今天跑步的成绩如何、配速是什么样子的），远远不如向喜欢跑步的人推荐和介绍不同品牌、不同型号的跑鞋。甚至，你只做好这一件事就够了。

这就是出发点的不同。

通过甲方变现，是让自己的特长和热爱先匹配甲方的需求，再满足用户的体验。

专业机构从零孵化的账号往往会先基于自身的甲方资源，或者围绕甲方最多的几个赛道，设计定位和内容。而专业机构签约已经有一定粉丝量的博主，如果为了接广告、拿分成，也一定会优先考虑博主的赛道，也就是甲方的需求情况。

所以，MCN机构和专业博主眼里的热门赛道，比如美妆、护肤、汽车、3C产品、家居、母婴、育儿，其实都是"甲方数量多、甲方投放需求大"的赛道。而像"情感口播、搞笑剧情、个人成长、事件评论"，如果想通过接广告变现，就需要你有比较强的人设、大量的粉丝积累、性价比很高的流量价格，这样你可以接一些电商平台广告、手机游戏广告、大众快消品广告。

如果你想在未来像一些你喜欢的博主一样，通过"恰饭"实现变现，以下几点是我对你的建议。

一定要理解甲方的需求

甲方找博主合作，就是在两个需求当中做选择：转化、曝光。

对于绝大多数品牌来说，做纯粹的品牌曝光，性价比并不高。因为，多数品牌还没有在消费者的心中建立充足的了解和信任。所以，它们在寻找博主的时候，会优先考虑流量的精准性和性价比，尽可能让花出去的钱，能够直接看到效果，甚至直接回本。对应地，它们更喜欢投放垂直的账号，尤其是粉丝量不多，但处在流量增长期，且报价合理的中小型账号。

而对于少数的知名品牌，或者预算十分充足的新锐品牌，它们则会同时考虑品牌的曝光效果，甚至更重视曝光的效果。也就是说，头部品牌不仅会选择流量，还会选择博主。这包括看博主的身份、博主的影响力、博主的风格，看这些是否匹配品牌的条件。而对流量的转化效果和性价比，则没有太高的要求。

那么，如果你想更早实现变现，赛道垂直（流量精准）、内容具有"消费指导性"（转化预期好）、质感高级（曝光效果好），并且在粉丝量差不多的博主里，你的流量稳定性更好，你的报价却和他们差不多甚至更低（性价比高），自然更容易在早期就实现变现。

一定要顾及粉丝的感受

关于"恰饭接广告"的事实是：真正的铁杆粉丝，反而会因为你接到了大牌广告而开心。而大多数的路人粉，则不会那么在意你这条内容植入了广告。不信你想想，你自己在看短视频的时候，如果发现这条作品是广告，你会愤怒地"取关"吗？

除非，这条广告打破了你的底线。

现在的粉丝对博主接广告这件事，早已习以为常。作为博主，我们不应该给自己太多的压力，但一定要守住底线。这不仅是为认可自己的粉丝负责，也是账号保持竞争力和商业价值的关键。

比如，广告太"硬"了，和账号的日常定位格格不入，有悖于大家喜欢你、关注你的理由。比如，商品自身的质量、口碑并没有获得很好的评价，这直接损害了粉丝的利益。

以上这两种情况，都会破坏粉丝和你的关系。偶尔一两次，也许积累的感情还足以抵消负面的情绪。但次数多了，大家就不那么喜欢你了，就不看你了，取关你了。账号自然也会逐渐失去商业价值。

一定要搞懂平台的利益

为什么平台对"营销类"的内容限制重重，而有些广告却也可以成为爆款？比如，你推荐了一个自己很喜欢的护肤品品牌，但并不是一条广告，就非常容易被平台限制传播？

当你切换到平台自身的角度，比如你是平台的运营总监，你会更容易理解背后的真相。

你不妨假设一种情况：万一这款护肤品实际上是一款三无产品，而且在你推荐的时候，用了非常多的"极限词"和"效果承诺"，这让许多用户在没有时间和习惯进行研究的前提下，直接因为你的推荐而购买了这样的产品，并遭受了金钱甚至健康上的损失，平台是否需要担责？

你当然不会有意地做出这样的行为，但如果是无意间的呢？或者，别人（比如商品的营销团队）这样做了呢？

这就是为什么"疑似营销类"的内容（明显展示了品牌商标、内容里有明确的推荐话术）往往会被限制曝光（尤其是吃进肚子里的），甲方找博主合作的广告一定要经过平台的审核，未经审核的合作⊖很容易违规，创作者和品牌方均容易受到平台的惩罚。

我们当然可以推荐自己喜欢的、觉得好用的商品。但是，当你理解了平台的立场和背后的逻辑，至少应该避免让作品"看起来就是广告"。如果自己都觉得有点像广告，那就要遵守《广告法》⊜，避免出现极限词，避免夸大

⊖　俗称"私单"。
⊜　这里指《中华人民共和国广告法》。

宣传。

如果收到了平台的违规提醒，正常进行申诉就可以了，再根据平台的要求进行调整，避免再次或者多次出现违规，从而给账号带来更大的影响。

一定要解决自己的矛盾

很多人既想接广告，又担心接广告，甚至不敢面对自己发出去的广告。这也就是既想赚钱，又怕伤害粉丝，还承担了一定的精神压力。

面对这种情况，我能给你的经验和建议就是：挑战自己，做出让粉丝惊喜、让甲方满意的广告。

在做公众号的那段日子，我接过很多广告。

从第一条广告开始，我的心态就是：太棒了，我居然有机会给大品牌写广告！我一定要比那些广告人写的还要好！

这个所谓的"好"，就是要让粉丝觉得这条广告的创意真好！让大家看到广告部分的时候，可以会心一笑。用这样的出发点来跟媒介和甲方沟通，大家也都会变得更好交流。而且更重要的是，当找你的甲方看到了你的广告有着明显的个人风格，他们也会变得好沟通。

这其中当然有不太好沟通的甲方，但如果你选择了"接受合作邀请"，就必须对甲方负责。如果在前期的沟通当中，你发现甲方的广告要求太苛刻，你可以在一开始就选择拒绝，或者把一部分的广告收入通过各种各样的活动（比如红包抽奖、实物抽奖），反馈给"容忍你发这样广告"的粉丝，诚恳地告诉他们你最近接了几条广告，可能让大家没那么喜欢自己了。而你的这些心意，还请粉丝收下。

你当然可以通过优质的日常内容，保持和加深大家对你的喜欢。虽然这样做无法避免偶尔的低质量广告，让粉丝产生失望感，但粉丝至少不容易因为一两条广告，再也不来看你了，甚至取关你了。

总之，既然主动选择了接受甲方的合作邀请，就要对甲方负责。与此同时，你需要明白，是粉丝让你有了赚钱的机会，你就必须顾及粉丝的感受。

接受现实，勇于挑战，你反而会乐在其中。

毕竟，赚钱本身就不可能是一件容易的事情。

通过平台变现

抖音和西瓜视频的中视频伙伴计划、B站的创作激励，包括海外网站Youtube的广告分成收入以及各个平台的做任务变现，都属于"通过平台变现"的范畴。

以中视频伙伴计划为例，官方给出的介绍是：中视频伙伴计划是由西瓜视频发起，联合抖音、今日头条共同举办的激励中视频创作的活动。成功加入中视频伙伴计划的创作者，通过西瓜创作平台、西瓜视频app、抖音app、抖音中西瓜视频小程序、剪映中西瓜视频发布的原创横版视频，视频需声明原创，公开可见且（抖音、西瓜任意一端）不可删除，时长大于等于1分钟，可享受西瓜视频、抖音、今日头条的创作收益。

而官方将"原创视频"的范围主要分为两类，分别是"实拍类作品"和"二次剪辑创作类作品"。在"实拍类作品"中，发布的内容是账号作者、运营人（个人或团队）

拍摄加工制作的。在"二次剪辑创作类作品"中，在适度引用原视频素材的基础上，二次创作成为一个丰富的、有信息量的、有自己编辑思路的、有独创性的新视频作品，二次创作形式包括但不限于体现自己的想法和思考的解说点评、剪辑制作、特效包装、音频处理等。

发视频就能赚到钱，是不是看起来"很诱人"？

但中视频伙伴计划和B站的创作激励等"通过平台变现"的模式，一直是我不推荐大家选择的变现方式。

因为"通过平台变现"的本质，就是在给平台打工。你为平台创造价值，平台将其中一部分的价值作为"分红"回报给你。

那么，你为平台提供了什么价值，这些价值有多大呢？

首先，你可以通过优质的作品，帮助平台留住更多的用户，增强平台的竞争力。但这个价值并不能直接转化成收益，哪怕你的播放量很大，也无法获得太多真金白银的"分红"。

其次，如果用户通过你的内容，观看甚至点击了某些商家投放的广告，你当然应该获得直接的"分红"。这就像当你不是某些视频网站的会员时，经常会先看广告再看视频，看到中间还会经常有广告，按下暂停也会出现广告。

可问题是，上述提到的几个平台，为了用户的体验以及保持平台的竞争力，并没有像某些视频网站那样，在创作者的视频中强行插入商家广告。

这就意味着，平台给大家的创作激励，其实并不是"分红"，而是为了平台长久发展而发放的"补贴"。这两个词的区别，不在于"下限"，而在于"上限"。

这也就是为什么，我并不推荐大家选择"通过平台变现"。

也许你想问：难道不可以从平台多赚一份钱，同时接广告、带货吗？可以，但你会发现几乎所有的带货博主、接广告变现的博主，他们都会聚焦在自己的商业模式上，保持内容的合理性。

总之，想通过平台的"补贴"获得比较好的收益，需要我们投入非常多的时间和精力。而这个回报，确实低于很多人的预期和目标。

你如果感兴趣，可以去西瓜视频、抖音，搜索"中视频伙伴计划实际收益"，或者去B站搜索"创作激励收益"。许多创作者在视频内容里和留言区分享了自己的真实收益，可以供你参考。

一个小目标

做自媒体，你的"一个小目标"是多少？

对于月收入几万元、十几万元的人来说，一个小目标可能是每个月多赚10万元。而对于绝大多数人来说，将每个月获得"1万元"的额外收入作为"一个小目标"，可能更合理一些。

那么，如何实现这样的小目标？

首先，千万不要觉得这很简单。

短视频看得越多，你可能越会觉得"赚钱太容易了"，这可能是你购买这本书的原因。但自媒体做得越多，你的认知则越有可能走向另一个极端，觉得"赚钱太难了"，这可能也是你购买这本书的原因。

关于自媒体变现，为什么有些人觉得容易，有些人却觉得很难？

如果你在做自媒体之前，已经在事业上有所成就，在生活中有一技之长，这就意味着你很可能有自己现成的变现项目，或者在内容定位上有自己得天独厚的起步优势。这个时候，自媒体就是你的产品销售渠道、你的才华杠杆。你不需要考虑变现模式，也不需要考虑内容定位，自媒体只是让你本就可以赚到的钱有机会变得更多，当然做起来就容易。

如果你忽略了这些别人赚钱简单的背景，自己没有这样的优势，自媒体同样是摆在你面前的一个杠杆、一个放大器，你却不知道撬动什么、放大什么，赚钱自然就没那么简单了。

但你也不要因此气馁。

因为当这些"难"和实际的投入、潜在的收益相比，真的不算什么。而且，只要你能想清楚这些道理，就可以获得更好的心态、更合理的目标规划，从而有更大概率拿到自己想要的结果。

你只需要从零开始打磨自己的内容，让优质的内容、稳定的流量、真实的粉丝量，逐渐成为你的优势，再通过平台的价值、市场的需求，实现变现的目标即可。

有了以上的认识，我们具体应该如何实现"一个小目标"呢？

那就是拆解、规划、执行。

以"稳定实现月入1万元"为目标，以"通过陌生人变现、通过粉丝变现、通过甲方变现、通过平台变现"为逻辑，我们来做一次模拟拆解。

通过没有强人设、不需要粉丝基础的带货视频，实现月入1万元

那么，假设带货的平均佣金比例是10%，则需要"10万元"的销售额（忽略退货等因素）。假设平均客单价⊖是19.9元，则需要卖出5000多件商品。

那么你觉得，这5000多件商品是通过许多条视频卖的，还是通过一条"爆单⊖"视频卖的？当你做了一些市场调研，观察了大量的同类账号就会发现，答案几乎都是后者。即，通过陌生人变现，需要通过高质量和高数量，获得更高的"爆单"概率。

⊖　客单价（Average Order Value，AOV）是指单个订单的平均交易金额。它可以用来了解顾客的消费习惯和购物行为，也可以作为评估营销活动效果和提升销售额的性能指标之一。客单价的计算方式：客单价=总销售额÷总订单数。

⊖　爆单是指顾客的下单量同比昨天或者正常时段的下单量暴增。

当出现一条爆款视频的时候，一整月的变现目标，甚至全年的变现目标，都有可能因为这一条爆款视频而完成。但你也会发现，有太多同样质量的作品，数据却惨不忍睹，只有个位数的点赞。

毕竟，这类短视频的核心是"合理地还原商品卖点"，而不是"做出自己的风格和差异化"。

这就意味着，一件优质商品的背后，会有成千上万条同样优质的带货视频。这个时候，就一定会有"运气"的成分，也就是"概率"。而想获得更好的运气、更大的概率，自然需要在保持内容优质的基础上，输出更多的作品。

所以，通过陌生人变现的方式实现月入1万元，并不是一个合理的目标。

一个月更新×××条"达到优秀标准"的带货视频，并理解"通过陌生人变现"的不确定性，保持良好的心态，合理地控制成本、稳定输出、永远期待下一条作品，这可能更符合实际。

基于粉丝的需求，通过粉丝的支持，实现月入1万元

我们用"1000个铁杆粉丝理论"来拆解一下目标。

假设你有1000位铁杆粉丝，他们每个月都会在你这里消费100元，购买你为他们精挑细选的商品。商品佣金比例为10%（忽略退货等因素），那么你每个月就会有1万元的佣金收入。

这个时候你应该关注的不再是刚才的更新数量与概率，而是如何获得1000位铁杆粉丝，自己如何选品可以不断满足他们的需求，如何为粉丝提供真正的价值。

而如果这个"产品"是你自己的课程或者服务呢？

假设你有1000位铁杆粉丝，他们只需要每个月在你这里消费10元，购买你的课程或者服务，你就会获得1万元的收入（为了方便理解，我们忽略了时间成本）。而你的一门365元的课程或者一项年度服务，可以在一年里获得36.5万元的收入，平均每个月有3万元的收入。

现在，你是不是会想到"如果自己有更多的铁杆粉丝，自己可以提供价值更大的课程或者服务，那么月入10万元、月入100万元都是能够实现的"。

这就回到我之前提到的"割韭菜"问题。即，在高利润的诱惑下，利用粉丝对博主的信任，夸大宣传自己的产品和服务。

你一定要清楚：自媒体平台，人人都可以替你发声，人人也都可以为自己发声。

如果你的产品和服务不行，甚至你自己的出发点就是"割韭菜"，那么产品的评价以及你的留言区、你的直播间，包括你在平台里搜索自己的账号名和产品的结果，以及在算法的推波助澜下，你的粉丝会刷到一些针对你的视频，这些因素都会让粉丝放弃对你的选择和信任。

这时候你所失去的不仅是短期的收入，还包括长期的个人声誉。

所以，"通过粉丝变现"虽然有更强的稳定性、更高的上限，但我们一定要遵循基本的原则，通过优质的内容和产品，获得粉丝和收入，只有这样才能实现长久的双赢。

通过接甲方广告，实现月入1万元

无论是在抖音、小红书，还是快手、B站，有太多的"腰部博主"一条广告就可以报价在1万元以上，甚至一条广告报价三五万元、小十万元。更有一些头部博主，一条广告就十几万元、几十万元。

但我们不能只看到他们现在的"甜"，而忽略他们走到现在所经历的"苦"。如果你选择接广告变现，就是选择了一条"先苦后甜"的路。

当然，你作为这本书的读者，这些道理我不需要再讲。

接下来，我以抖音和小红书为例，和你谈一谈广告的报价、合作的技巧。

首先，供求关系决定了宏观的广告数量和广告价格。

美妆、护肤、汽车、3C产品、家居、育儿这些赛道之所以广告多，广告报价相对较高，是因为品牌方众多。大量的"成熟品牌"每年都有相对稳定的投放预算，而新品牌又层出不穷。所以，无论是少数的头部博主，还是比较多的腰部博主、新人博主，大家都有很多合作机会。

老甲方永远需要新博主，新品牌永远需要老博主。

如果你做的内容并不能吸引特定领域的甲方，接广告的难度就会大很多，你往往需要很强的人设、很多的粉丝量，才可以接到一些针对大众人群的品牌广告。

其次，流量稳定性和粉丝关系决定了微观的广告数量和广告价格。

为什么同一个赛道，有些博主"10万名粉丝，报价1万元"，广告不少，还有一些博主"10万名粉丝，报价5000元"，广告却不多？

粉丝量决定的只是广告报价的下限，比如你都有10万名粉丝了，总不能报价几百元吧。而甲方更关注的，是你和粉丝之间的关系，比如你是否有很多铁杆粉丝，粉丝是否信任你、喜欢你，粉丝是否需要你提供消费决策。此外，甲方还关注流量的稳定性或者日常流量的下限，比如广告合作的保底效果。

铁杆粉丝多、流量稳定，你才能报价更高，得到的合作更多。

最后，则是很多人忽略的"商务沟通能力"。

这包括在和甲方或者媒介沟通的时候，你是否能更好地取得对方的信任，让对方感受到你的合作意向。

至于你可能非常关心的"多少粉丝可以开始接广告""一条广告报价多少钱"，这真的是最难回答的问题，或者不应该成为问题。但我十分理解，你想知道这两个问题的答案。

对前面提到过的一些甲方多的热门赛道，如果你的账号流量较好、内容优质，从几千名粉丝甚至一千多名粉丝开始，你就有可能接到一些合作邀约。而当你有了几万名粉丝，你和媒介、甲方的沟通多了，合作经验也多了，你就不再会被这些问题困扰了。

至于广告报价，商务合作较稳定的博主，大部分的广告合作报价会在粉丝量的"5%～10%"的范围内。至于是5%，还是10%，甚至是少数的3%～5%、10%～20%，则取决于你的赛道、流量稳定性和与粉丝的关系。

总之，接广告变现是一件"水到渠成"的事情。

不要关心如何找到甲方，当你的内容足够优质、流量和粉丝量达到了对方的预期，他们自然会主动找你。

不要担心在他们找到你之后不知道怎么沟通这件事，你就真诚地告诉对方，这是你第一次谈合作，那么一切都会变得简单了。

通过平台的各种活动，实现月入1万元

无论用哪种方式变现，我们都算是"给平台打工"，通过为平台提供价值，交换到流量和粉丝量，进而实现更多的价值。

在不同的变现方式当中，各个平台的激励计划（比如，中视频伙伴计划、游戏发行人计划、创作激励计划），无疑是最贴近"给平台打工"这个概念的。我们将内容先免费送给平台，如果平台可以通过我们的内容获利，我们会分到一些钱。而如果我们的内容让平台不满意，没有让平台赚到钱，我们则分不到平台的钱。

当然有不少人通过"中视频伙伴计划"实现了月入过万元甚至更多，但我希望你可以在开始做这件事之前，能够先接受以上"给平台打工、获得分红"的设定。这样，你才能明白平台的需求，明白你的身份、你需要做好的事情，以及你如何做好这些事情。

这包括保持积累素材的习惯、不断打磨自己的剪辑能力、合理规划自己的时间。你必须要做到高效稳定地输出内容，并励志成为"中视频伙伴计划"当中的标兵，你才能获得更高、更稳定的收益。

另外，如果你对这些变现计划感兴趣，你可以通过平台内部的搜索以及各平台的"创作者中心"，找到官方的详细介绍以及一些免费的课程。你还可以通过搜索，找到大家分享的个人真实收益，用来判断这个变现方式是否适合自己。

达到了"一个小目标"，我们再看看更高的目标。

十个小目标

无论用前面的哪种变现方法，你都有机会通过能力上的不断提升、内容上的不断迭代、良好的心态和执行力，实现"月入1万元"甚至"月入两三万元"的目标。但你想实现"稳定月入10万元"，定位、天赋、努力，你至少要有其中的两个。

如果你没有"强人设"，却想通过带货实现"稳定月入10万元"，单靠个人的努力是很难实现的。你可能需要团队的配合，在多平台、多账号下，发布非常多的内容，才有可能击败概率，拿到想要的结果。

这意味着成本的上升，所以你的变现效率（利润率）可能没有提高，甚至会面对更大的压力。

所以，通过陌生人变现的带货模式，更适合短时间内找不到自己的特殊优势，但有良好的执行力，想更早看到收益的个体创作者，或者非常专业的团队创业者。

而如果你想获得更高的回报上限和更强稳定性，我还是建议你依靠粉丝和甲方的支持。因为他们都可以给你"滚雪球"的效应。随着粉丝数量的增多，你的带货能力、接广告能力都会随之稳步提升。当然，这里的粉丝，指的是有一定关系基础的粉丝，而不是随手关注你的"路人粉"。

接下来，我们以"月入10万元""通过甲方变现"为目标，再进行一轮简单的目标拆解。

假设你是一位拥有10万名粉丝的美妆博主，或者是一位家居博主、育儿博主、3C产品博主等，流量稳定、有个人风格、留言区明显能看出大家对你的喜欢，你的一条广告报价1万元，那么你每个月只要接10条广告，才可以实现"月入10万元"的目标。仅仅是广告就要接10条，听起来确实有不小的创作压力。但如果你的粉丝量达到了30万人、一条广告报价为2.5万元，你一个月只需要接4条广告，就可以实现目标了。

这就是典型的"滚雪球"了。

而服务于粉丝的带货变现、课程变现、服务变现，也是同样的道理。

所以，从0到1很难，从10到100也很难，但从1到10，相对来说却是简单的。

当然，想让雪球滚起来，你一开始就要选择"长长的坡、厚厚的雪"，也就是"有稳定消费需求、稳定用户群体"的领域。然后，再通过自己的优势，一步一个脚印地把账号运营起来。

只有这样，你才有机会"超越小目标"，获得更大的可能性。

超越小目标

如果你经常看一些"教你做短视频"的内容，或者留意过热搜上关于"头部博主"的新闻，你就应该知道"超级头部博主"的赚钱能力有多强。

一些粉丝量上千万人的博主，一个月的广告收入就可以达到数百万元。一些直播间在线几万人甚至几十万人的博主，一场直播的销售额动辄几千万元甚至上亿元。还有不少有自己产品的博主，通过课程和服务，实现了月入百万元、年入千万元的目标。

很多人依然觉得"网红赚钱太容易了"，但你却越来越能理解，想取得这样的超级成绩，并不是靠"抓住了时代的风口""运气好""背后有资本支持"这些外在条件。毕竟，很多人都在这个风口之下，运气不可能永远存在，资本逐利最是理性的。

如何才能"超越小目标"，获得月入几十万元、上百万元的成绩？

超级赛道 + 超级IP

还是回到"供求关系决定价格"的常识当中，如果你想通过接广告"超越小目标"，甲方的数量、甲方的预算就直接决定了你的收入上限。而你的流量、粉丝量、粉丝质量（与粉丝的关系），只是决定了达到上限的可能性。

对于美妆、护肤、汽车、3C产品、育儿、家居、美食这些赛道来说，虽然博主众多，且不乏很多早已成名的超级头部博主，但始终有着大量的甲方和充足的市场预算。在这些超级赛道里做出自己的特点，成为下一个超级IP，你才更有可能拿到大结果。

超级直播 + 超级运营

你也可以做一位"不垂直于某个赛道"的博主，通过泛娱乐类的内容，让流量和粉丝量的上限变得更高，并利用定位的优势，成为全网有很高影响力的博主，不通过广告变现，而通过影响力直播带货，从"泛娱乐博主"逐渐变成大家心目当中的"超级带货博主"。

这条路的终点更远，走这条路的难度也更大。

之所以"终点更远"，是因为只有当你有了一定的影响力，才可以通过直播的形式，吸引更多的粉丝（至少是刷到过你视频的人）在你的直播间停留、下单。这就需要你能够稳定地输出优质内容。

之所以"难度更大"，是因为想长期做好直播带货，不仅需要个人的能力，还需要团队的通力协作。这包括直播间的运营能力、商品的选择能力、合作伙伴的沟通能力、团队的管理能力。

所以，想走好这条路，绝不是你眼前看到的"几个人的事情"，而是需要很强的个人综合能力以及团队的支持。

超级产品 + 超级能力

最后一条路，通过自己的产品实现"高毛利、高效率"的变现。这是距离终点最近的一条路。

在抖音平台，有些博主通过提供商业咨询和会员服务，产品客单价做到了数万元。每年服务几百位客户，就可以实现千万元甚至更高的销售额。还有一些博主通过客单价几百元至几千元不等的"知识付费"产品，也做到了类似的成绩。

你要知道，无论是商业咨询还是知识付费，与前面的两条路相比，这种商业模式并不需要太大的团队规模（十几个人就可以支撑一项核心业务），也不需要拥有几千万名粉丝，更不是只赚一定比例的商品佣金。

这条路只是对"起点"的要求比较高，也就是你的背景和积累。

所以，无论是商业咨询还是知识付费，市场会越来越明显的"两极分化"。越是专业能力强的博主，越会因为积累的口碑而实现更好的收益。而另一些博主，则会越来越难做。毕竟，大家的判别能力早已不是当初的水平。

在这样的趋势下，如果你有一定的专业能力，反而可以选择一些"小而美"的产品。你可以把一个少数人的大需求或者多数人的小需求做到极致，也可以实现非常可观的收入。

比如，不教别人做个人IP，而是做"美食短视频如何拍""如何给孩子拍照"的课程；不教老板如何突破企业的经营瓶颈，而是做"企业如何布局关键词的搜索流量""企业新媒体团队如何搭建和管理"。

其他两条路也是同样的道理。我们不能只看到收入的上限，更要看到实现目标的可能性、未来的成长性。

找到适合自己的起点，比遥望终点更重要。

变现的原则

在这本书的最后，我想再重申一些关于"自媒体变现"的重要原则。

也许你会怀疑这些原则的价值，但请相信，越是通过自媒体获得过结果的人，越会理解这些原则的重要性。

第一，自媒体只是一个内容平台、一个传播杠杆、一个转化工具、一个获客渠道，其自身并不能给你带来财富。当你能够持续产出优秀的内容、拥有极具竞争力的产品，自媒体就会变得简单，变现也会水到渠成。无论你对自媒体的理解有多深，缺少好的内容或者好的产品，都会寸步难行。

第二，我们都应该多思考"未来可以把什么做得更好"，而不是"现在能做什么"。明年、后年、十年之后，平台的杠杆效应一直都在。它一直在等待着"值得被放大"的优秀内容，而不是平庸的作品。与此同时，品牌方和消费者也永远在寻找新的好博主、好流量、好产品，即理解平台的杠杆效应，尝试通过内容上的长时间努力，获得厚积薄发所带来的指数级收益。

第三，从0分到80分的答案都在市场上，从80分到100分的答案则在思考里。先通过"市场调研"，找到"优秀的共性"，什么是"符合用户体验的""符合算法逻辑的""符合市场需求的"，让自己的作品达到80分。然后，再通过提炼优秀账号的个性，找到个性当中的共性，即突破优秀的方法论，最后带着这些方法论，回归到对自己的了解和判断，找到自己的优势，继续实现突破。

第四，"发现内容的短板"比"发现自己的长板"更难，也更重要。许多人通过"一技之长"或者"灵光一闪"，获得了短期的流量。但如果内容同样存在明显的"短板"（比如，画面质感、表现力、声音效果、选题的多样性），甚至短板本身就是你的特点，新鲜劲儿过去了，一切都会慢慢回到起点。补短板是慢功夫、笨功夫，也是最厉害的功夫。

第五，不刻意追求差异化，也是类似的道理。差异化当然重要，但如果以"差异化"为起点，内容和定位就很容易变成一场"自嗨表演"。理解大家对内容的真实需求，先做到合理满足需求，再追求差异化。而当你决心把合理做到"极致",那么在追求极致的过程中,差异化很可能自然而然地就会出现,那将是非常高级的差异化。

第六,成熟的、竞争红海化的内容赛道,比如家居、育儿、美妆、护肤、穿搭、汽车、美食、3C产品等,往往有更大的市场需求,包括甲方的投放需求、商家的带货需求、用户的内容需求及消费需求。因此,这些赛道对新内容、新流量、新博主的需求也持续稳定,属于"什么时候开始都不晚,永远值得深耕"的选择。

第七,不要用"一天发几条""是否日更"来考虑更新频率,而是要问问自己"一个月、三个月、一整年能输出多少条优质作品"。一天5条带货视频,很难让你拿到结果,还会让你产生焦虑。但如果你想的是"全年1800条优质的带货视频,会有什么样的成绩",你则会有完全不同的心态。同样地,一周更新3条,也许你觉得太少了。但一年160条优质内容,则又是另一种感觉。

第八,同样的知识、同样的案例、同样的定位、同样的变现模式,在不同的人眼里,有着完全不同的价值。随着你的经验积累、认知提升,那些你过去学过的课程、读过的书、拆解过的账号、思考过的创意,就非常值得你定期进行复习和复盘了。这可能要比你不断学习新的知识,还更容易给你带来惊喜,获得突破。

感谢你读到了这里。

你也可以去我的抖音和公众号（账号名：池骋知道吗），获得更多视频形式的知识、时效性更强的思考。

最后，祝福每一位扎扎实实创作内容的自媒体人。

希望这本书，可以给你一点点的启发和帮助。